「バックキャスト思考」で行こう!

持続可能なビジネスと暮らしを創る技術

石田秀輝
東北大学名誉教授／地球村研究室代表

古川柳蔵
東京都市大学教授

ワニブックス
|PLUS|新書

新書版のためのまえがき

２０２０年春に本格化した新型コロナウイルスの感染拡大で、日本国内にとどまらず、世界中でロックダウンによる移動の制限、経済活動の停滞、企業の倒産、従業員の解雇・休職などがいまだに続いています。

わたしたちの毎日の生活もステイホームが基本となり、リモートワークで働く人やオンラインで授業を受ける学生が増えました。そしてマスクを着用することや、手洗いや消毒用アルコールをつかうこと、ソーシャルディスタンスをとることなどがもはや常識となっています。世界はすっかり一変してしまいました。

ただ、わたしは、今回のコロナ禍が日本に根づいていたさまざまな問題を炙り出したように感じます。会社と社員の関係、時間の価値、家族という概念、自然との関わりなど、コロナ禍という制約のなかで、わたしたちが今まで既成的な概念から脱皮できていなかったということを立ち止まって考え、感じ、学ぶ機会となったと思うのです。

では、ワクチンなどの有効な対策が発見されて、コロナ禍が終息したとして、わたしたちは以前のような生活に戻るのでしょうか？　戻りたいでしょうか？　個人的には、コロナ禍前より、もっと持続的で公正な社会になってほしいと強く願っているのですが、果たしてそれは可能でしょうか？

14世紀にヨーロッパを襲った黒死病が、結果として新しい機会や創造性を生み、そこからルネサンスの芸術や文化が開花し、近代ヨーロッパが始まったことはご存知の方も多いでしょう。

過去の多くのクライシスは、そのリバウンドとして新しい価値を生んできました。わたしたちもこのコロナ禍を糧として、より持続的で公正な社会創成に舵を切らなくてはなりません。そのためには、いくつかの制約を排除するのではなく肯定し、それに正対することが重要です。

一時はメディアなどで、「コロナに負けない」「アフター・コロナ」などというフレーズが目立ちましたが、最近では「ウィズ・コロナ」といわれるようになってきたのも、制約を排除するのではなく肯定し、正対しようという態度でなければ、このパンデミックには対応することができないことに、多くの人が気づき始めたからではないでしょうか。

現代に生きるわたしたちにとって、喫緊のコロナ問題を除いて、最も重要かつ大きな制約は地球環境問題です。地球環境問題とは、地球自体の持続性の問題ではなく、人間の活動の結果が人間の未来にとってマイナスに跳ね返ってくることをどう防止・軽減すればよいのかという、人類社会の持続性の問題です。その持続可能な社会を実現するためには、現代文明を牽引するテクノロジー・イノベーションのパラダイムシフト（転換）に、正面から、かつ緊急に取り組む必要があるのです。

この地球環境問題と、さらに金融資本主義・グローバル資本主義の行き詰まり（および、それがもたらした貧富格差の拡大）という二重苦を抱える現代社会の問題の根源が、人々の意識の基盤となっている人間観・自然観にあること、そしてこれらを大きく変えることなしに人類社会の存続を図るのは極めて難しいことを忘れてはいけません。

実際、ローマ教皇・フランシスコをはじめ、意識の変革を求める声は世界中で上がり始めています。しかし、そうした言葉・思想による啓発が、たしかな実を結ぶまで待っている時間的余裕は、残念ながら人類には残されていません。

もう1つ重要な視点があります。「コロナ禍が起こらなかったら、日本経済は変わらず成長し、豊かな暮らしが維持されていたのかどうか」という視座です。

日本に限れば、1970年代初めまで約9%だった経済成長率は1991年のバブル崩壊までに約4%台に減少し、それ以降2018年までは1%前後を低迷してきました。平成の30年間でGDPは1・35倍（米国約3倍、EU約2・5倍）しか伸びず、この30年間、のたうち回っていたのです。

この状態が続けば、経済にも生活にも将来が見えない閉塞感を生み出し、少子化、人口減少、そして結果としての高齢化社会を加速化させることになり、すでにその兆候が顕著に見え始めているのが今の時代なのです。

つまり、コロナ禍が起こらなくても、経済の行き詰まりと地球環境の劣化の二重苦で早晩限界を迎えることは必然でした。コロナ禍が、限界を迎えていたグローバル資本主義との決別の機会を与えてくれたといってもいいでしょう。

だから、今こそ「地球環境の劣化」と「グローバル資本主義の劣化」という2つの限界に共通した解を見つけ、世界のニューノーマル（新常識）としての「生命文明社会」を創成し、移行することが求められているのです。

さて、そこで必要になってくるのが、本書のテーマである「バックキャスト思考」です。バックキャスト思考とは「制約（問題）を肯定して受け止め、その制約のなかで解を見つける」思考法、従来の「フォーキャスト思考」は「制約（問題）を認識し、これを排除（否定）する」思考法です。フォーキャスト思考は、現在の延長にある問題に対処するには便利な思考法ですが、未知の問題や、前例のない事態の解決には不向きです。日本も含めて新型コロナウイルス感染症への対応に右往左往している政府は、フォーキャスト思考で対策しているせいではないかと思われてなりません。

制約がなければ（あるいは容易に排除できるなら）、現状を足場にフォーキャスト思考で解を導くことに何も問題はありません。では、制約が排除できない場合はどうでしょう。排除できない制約下でのフォーキャスト思考は、多くの場合「ガマン」という概念に行き着きます。地球環境問題における「節水」「節電」「省エネ」がその代表です。

今回のコロナ禍で「外出自粛」「外食自粛」「旅行自粛」など、さまざまな「ガマン」をわたしたちが強いられたことは記憶に新しいところです。

一例をあげると、わたしたちは徒歩よりも自転車、自転車よりもクルマで移動するほうが便利で、快適で、豊かだと考えがちです。しかし、ある報告によれば、10キロ移動するために消費されるエネルギー量は、徒歩は308キロカロリー、自転車だと118キロカロリーですが、ガソリン車は8670キロカロリーつかうことになります。

つまり、わたしたちが求める「快適性」や「利便性」は地球に猛烈な負荷を与えており、その結果、新たな地球環境制約を生み出しているわけです。ちょっとした行動の積み重ねが幾何級数的な負荷を生み出す。これは自分の首を自分で絞めているようなものだといえるでしょう。

このように、地球環境制約とは人間活動の肥大化であり、今、求められているのは、その肥大化をいかに停止・縮小させるかです。これは「ガマン」というやり方では実現できません。ワクワクドキドキしながら達成しなくてはならないのです。ですから、制約を受け入れるだけでなく、同時に「制約のなかでも豊かである」という概念を理解する必要があります。

わたしたちの調査によれば、暮らしに豊かさをもたらす基本的な概念は44の要素に集約されるようです。その要素のどれが、今の時代に求められているのかということも見えてきました。本書ではその概要も解説します。

バックキャスト思考ができるようになると、恋の悩みであれ、新規事業であれ、これまで思いもつかなかった解が見えてくるようになります。「どうしてこんなことで悩んでいたのか」と、目からウロコの事象もたくさん見てきました。

モノを欲しがらない若者が増え、大企業といえどもたった半年で足場が崩れる時代にあって、「消費する文明」から「万物を生かす文明」へのシフトは喫緊の課題です。まさに次なる社会創生への足がかりが求められているのです。

だからこそ、従来の延長ではなく、制約のなかで解を導く「バックキャスト思考」を理解し、存分に駆使していただきたいと願っています。

5章 コロナ禍に学び、バックキャストで考える2030年の心豊かな暮らし方――191

本書は２０１８年９月に小社より刊行した『正解のない難問を解決に導く　バックキャスト思考』を改題し、一部改稿と新たな書き下ろしを加えたうえで新書化したものです。

序章

バックキャスト思考のつもりでフォーキャスト思考をしていませんか？

注目を浴びるバックキャスト思考。しかし……

バックキャスト思考に注目が集まっています。

企業の長期的な経営戦略立案に用いられるのはもちろん、国の申請書類などでも**「バックキャスト視点で検討し」**といった文言が多く見られるようになりました。

これは、わたしたちが今、直面している問題の多くが、通常の思考法（フォーキャスト思考＝今日を原点として将来を考える思考法）では、解を導き出せないということに、多くの人が気づき始めているからだといえるでしょう。

フォーキャスト思考は、現在起こっている問題や、現在の延長にある問題に対処するには便利な思考法です。しかし、激しい変化にさらされ、将来を見通すのが難しいこの

2025年技術戦略マップ
（図版提供：NEDO新エネルギー・産業技術総合開発機構）

コンピュータの専門家に未来のコンピュータの姿を聞き、車の専門家に未来の車の姿を聞き、その結果をすべてまとめると、誰が描いても同じ未来の姿が見えてくる。こんな世界はありえない。

時代に対応するためには、まったく新しいモノサシや足場を用意するような思考法が必要です。バックキャスト思考が注目されているのは、今がまさにそうした時代だからといえます。

しかし、残念ながら、未来を考察する議論は、いまだにフォーキャスト思考によるものが大半を占めているのが現実です。

たとえば、下段のような図をご覧になったことはないでしょうか。いずれも未来の世界を描いたとされるものですが、これらはすべてフォーキャスト思考によるものです。いずれも、その実現性や有効性に大きな疑問符を付けざるをえないのは、明らかです。

では、バックキャスト思考をつかうと、どんな未来が描

硫酸エアロゾルを成層圏に注入する構想
（出典：Tamela Rich Business Communications 2009.7.14 "Greenfinger?"）

第一回気候工学国際会議でも高い評価を受けた温暖化対策。成層圏にエアロゾルをまくアイデア。すでに自然現象では明らかにされており（70ページ参照）、もっとも安価で確実に気温を下げる方法とされる。ただし、光の乱反射で空は赤くなる。

けるのでしょう。それを知るためには、まずこの思考法の定義を確認しなくてはなりません。

みなさんは、このような説明を目にしたことはありませんか？

『バックキャスト思考とは、未来のあるべき姿を考え、そこから逆に現在を見ること』

もしかしたら「今この瞬間までこの定義を信じていた」という方もおられるかもしれません。たしかに、この説明の文章自体に間違いはないのです。しかし、定義として捉えると、非常に誤解を招きやすいといわざるをえません。

なぜなら、思考の起点となる「未来のあるべき姿」をどう考えるかが、曖昧だからです。もし、そもそもの未来像

太陽光遮蔽板
（出典：BBCニュース　2009.03.4 "Big problems need big solutions"）

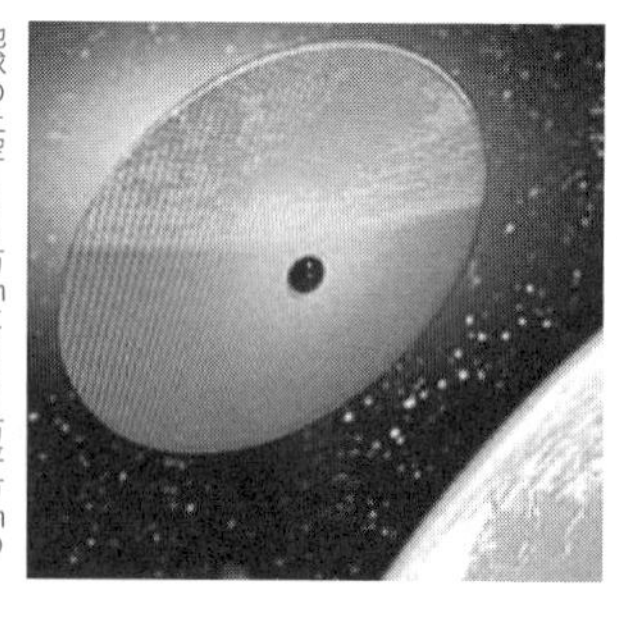

地球の上空１５０万㎞に３００万平方㎞の遮蔽版を置き太陽光を遮る。温暖化ということだけ考えれば、正しい解のように見えるが、エアロゾル構想と同じく、太陽の光を地上に届かなくさせる方法で、その結果、生物多様性、光合成に負う食糧供給、気候変動による水の供給などに大きな影響が出る可能性がある。
とくに遮蔽板では、地球外に巨大な建造物をつくるためのエネルギーや資源をどうす

が、フォーキャスト思考（今日を原点にして将来を考える思考）によって構築されたものだとしたら、その結果として描かれる**「未来のあるべき姿」**は、現在の延長に過ぎず、そこに至るための解決策やロードマップも、通常の思考（フォーキャスト思考）によるものと同じになってしまいます。さきほどの図は、いずれもこの発想からつくられたものなのです。

なかには、このようにフォーキャスト思考で描いた未来図を用いて、「バックキャスト思考で検討した」と称しているケースも少なくありません。

バックキャスト思考を定義するのならば、未来の姿を検討する方法が書かれているべきです。では、どのように検討すればいいのでしょうか。

それが本書の最初のテーマです。

るのかという、抜本的な問題も残る。重要なことは、「温暖化は地球環境問題か？」という質問に答えられていないところにある。

バックキャスト思考とフォーキャスト思考はここが違う

バックキャスト思考を、どう定義するべきか。
身近な事例で考えてみましょう。

「居間の電球が1つ切れてしまった」

今、こんな問題が生じたとします。あなたならどう解決しますか?
多くの人は「電気屋さんで新しい電球を購入して、切れた電球と交換する」という方法を選ぶのではないでしょうか。

これは典型的なフォーキャスト思考による問題の解決です。
注目していただきたいポイントは**「電球が切れている」という制約(問題)を認識し、これを排除(否定)する**ことが答えになっているところです。

バックキャスト思考による問題解決は、これとはまったく異なります。制約を明らかにして認識するところまでは同じですが、これを排除せずに肯定するのです。「受け入れる」といってもいいでしょう。

するとの思考の方向はまったく変わるはずです。つまり「少し暗くなった居間でどうやって楽しく暮らすか」を考えることになります。その答えは1つではありません。たとえば「少しくらい暗くても、生活にはとくに支障はないんだな」という発見があるかもしれません。

「そもそもこんなに明かりが必要だったのだろうか」と気づくことで、家中の照明器具を見直したり、そこから「ときどきは明かりを全部消して、家族みんなで窓から星や月を眺めよう」という新しい暮らしの形を見つけることもあるでしょう。

問題発生　**居間の電球が切れた**

解決1　**（フォーキャスト思考）**
新しい電球に付け替える
目の前の制約（問題）を否定（排除）する思考

解決2　**（バックキャスト思考）**
電球なしの生活を楽しむ工夫を始める
目の前の制約（問題）を肯定する思考

このように「制約（問題）を肯定して受け止め、その制約のなかで解を見つける」思考法こそが、バックキャスト思考です。その結果、当初の制約（問題）は消え、新しい楽しみが増えることになります。なお、このとき「少々暗いくらいはガマンしよう」とするのは、解ではありません。制約をガマンするのではなく、**正面から受け入れ、なおかつ、豊かであるような解を目指すことが重要**です。

「制約を取り除かなかったら、解決したことにはならないのではないか」

もしかしたら、こんなふうに思われる方もいるかもしれません。わたしたちの脳は制約を取り除くフォーキャスト思考で考えるのが基本ですから、そうした感覚を持つのも不思議ではありません。

しかし、このような解の見つけ方は、決して特別なものではありません。わたしたちは、気づかないところで、バックキャスト的な「制約を受け入れる解決」をしていることがあるのです。

たとえば、時刻表通りに来ないバスがあるとしましょう。

悪天候ならもちろんのこと、晴れであっても、定刻通りに来るのはまれで、たいてい10分は遅れてしまうようなバスです。ときには20分待たされることもある。こんなバスを通勤や通学に毎日利用しているとしたら、大きな制約だといえるでしょう。個人の立場でバス会社の運行システムを修正させるわけにはいきませんから、最大の遅れ（20分）になることを織り込んで、行動することになります。

こうしたルーズなバス会社は海外では珍しくありませんし、日本にも少なからず存在します。ところが、このようなのんびりしたバス停では、あまりイライラしている様子は見られないものです。時計を見ながらそわそわしているのは、慣れていない自分だけだったりします。なぜかというと、こうしたバス停では、「待たされる20分間」という制約を肯定的に受け入れ、のんびりと過ごす自由時間として活用している人が多いからです。

これに対して、イライラしてしまう自分は「待たされる20分間」を「時間に追われて暮らしている人にとっての無駄な時間」と捉えています。現代には「時短」という、時間の無駄は最小限にするべきという価値観がありますから、なおさらそう感じやすくなっているといえるでしょう。しかし、このバス停を毎日利用するようになれば、自然にこの制約を受け入れていきます。すると、かつては**「無駄な時間」**だったものが、静かに考えごとをしたり、道ばたの木々を眺め、鳥のさえずりを聞く、静かな**「有意義な**

時間」に変わるのです。

制約を肯定し、受け入れることは、決して問題の解決を遠ざけるものではありません。むしろ、通常の思考（フォーキャスト思考）では得られないような解を導き出すきっかけになるのです。

バックキャスト思考が必要なのは「排除できない制約」に直面しているから

今、バックキャスト思考を「**制約（問題）を肯定して受け止め、その制約のなかで解を見つける思考法**」と定義しました。このように捉え直すと、近年この思考法が注目を集めている理由がより一層クリアになります。

さきほど解説した**「電球が切れた」**という制約は**「新しいものに取り換える」**という形で排除することが可能でした。つまり、これはフォーキャスト思考でも対処することのできる問題です。

しかし、わたしたちが今、直面している大きな問題、たとえば、地球の環境問題はどうでしょうか。

資源、エネルギー、温暖化に代表される環境変動といった制約について、わたしたちは長年議論し続けていますが、これらを適切に排除する方法を、まだ見つけていません。

地球環境問題をフォーキャスト思考で解決しようとした一例が、さきほどのような硫酸エアロゾル、太陽光遮蔽板のような構想です。これらの方法は1つの問題を解決することはできても、他の環境問題を悪化させたり、予測不能な新たな問題を発生させる可能性を否定できません。

フォーキャスト思考によって導かれた、もう1つの解が、節水、節電、省エネといった**「ガマン」**による解決です。

この考え方は現在、多くの人々に認知されていますが、持続可能性には疑問が残ります。ましてや地球環境の制約は、今後ますます厳しくなることは明らかです。しかも少子高齢化、人口減少が進む現代において、これまでのような右肩上がりの経済ありきの社会運営も期待できません。わたしたちは、そのことを承知で、さらなるガマンを子どもや孫世代に強いるのでしょうか？

つまり、**現代とは、制約を排除できない問題が急増している時代**だといえます。これらの問題に解を与えるには、バックキャスト思考を取り入れなければならないのです。

バックキャスト思考のつもりでも、フォーキャスト思考になることがある

しかし、頭で理解したつもりでも、バックキャスト思考を実践するのは簡単ではあり

ません。なぜなら、わたしたち人間には、制約を排除したがる（＝フォーキャスト思考になりやすい）性質があるからです。

その根本的な原因は、脳の仕組みにあります。

わたしたち人間や多くの動物の脳には、**報酬系**（reward system）と呼ばれるシステムが備わっています。これは、ある欲求が満たされたとき（または満たされることが予測できたとき）、脳に快感を与える神経の仕組みです。

人間の場合でいえば、中脳の腹側被蓋野（ふくそくひがいや）から大脳皮質に快感を与える神経伝達物質ドーパミンが分泌されるようになっています。難しいクイズや複雑なパズルなどが解けた瞬間、「やった！」と心地よい気持ちが生じるのは、脳の報酬系の働きによるものなのです。

報酬系システムには、わたしたちの「**問題を解決したい**」という意欲を高めてくれるというメリットがあります。しかし、その一方で「**とにかく早く結論を出せばいい**」という欲望が強くなり過ぎてしまうというデメリットもあるのです。脳の持つこの性質が、バックキャスト思考を進めるうえではネックになっています。

さきほどの電球の例で考えてみましょう。

「電球が切れた」という課題に対して、バックキャスト思考では「電球なしの生活を楽しむ工夫を始める」という方向へと考えを進めていきます。これは、報酬系システムからすれば非常にじれったい態度だといえるでしょう。だから「薄暗い状態で暮らす工夫をするなんて、めんどうくさいに違いない」「そんなことせず、とっとと電球を替えればいいじゃないか」という気持ちが高まってしまうのです。脳にとって「新しい電球を買ってきて交換する」というフォーキャスト思考の解決は、手早く、気持ちのいい解決策だといえます。その結果、違う発想をするのが難しくなるのです。

つまり、人間の脳は通常、フォーキャスト思考をするようにできているといえるでしょう。そうした脳を持つわたしたちにとって、バックキャスト思考は、報酬をお預けにする、遠回りにも感じられる思考法なのです。

「わたしたちの脳はフォーキャスト思考に陥りやすい仕組みになっている」

この前提を踏まえておくことが、バックキャスト思考をするうえでは非常に重要です。

ちなみに、この傾向は、今後さらに強まっていく可能性があります。なぜなら、わたしたちの社会は、便利なモノを増やし、情報へのアクセスを容易にしていく方向に進んできたからです。報酬系の望む「素早い解決」が容易になっているぶんだけ、「制約を受け入れる」というじれったさへの抵抗感は強まってしまうでしょう。

たとえば、古くなった大人用の浴衣から、布おむつを7枚つくることができることをご存知でしょうか。これは昔の日本人が当たり前のように持っていた知恵と技術です。昔の人は、小さなボロ布も捨てずに大切にしまっておき、作業着などはカラフルな布を好きなようにデザインして縫い直していました。

こうした行動は「おむつや気に入る服が思うように手に入らない」という制約を解決する方法の1つだといえます。昔の人は、制約を受け入れるしかなかったため、自然にこの解を発想し、知恵や技術を維持していたのでしょう。

しかし、現代に暮らすわたしたちがこの解決策を採ることはほぼありません。たとえ思いついたとしても「めんどうだ」と実行しなかったり、やろうとしても裁縫道具がなかったり、技術的に難しい、とあきらめるのではないでしょうか。

これは現代の便利なライフスタイルが、問題を解決するための知恵やスキル、道具を失わせてしまった事例だと考えることができます。それどころか「つかえそうな生地を普段からとっておいて、自分で縫えばいい」という解を発想することさえ難しくなっているのです。

バックキャスト思考をおこなうことは、このような発想を取り戻す試みでもあります。しかし、わたしたちはもはや昔の暮らしに戻ることはできません。こうした発想に学びながら、未来のライフスタイルを考える必要があるのです。

こうした技術やスキル、道具を持つことは決して時代遅れではありません。むしろ若い人たちを中心に、自分の頭と手をつかって、おしゃれな服をつくったりすることに価値を見出している人は確実に増えていますから、そうした人たちに向けたサービスや商品を開発するというビジネス面への応用も可能です。

バックキャスト思考の実践例～〝省エネ〟以外の解「水のいらないお風呂」

バックキャスト思考を用いた発想とはどんなものなのか。

具体的なイメージを持っていただくために、実践例をご紹介しましょう。「**水のいらないお風呂**」という新しい浴槽開発の事例です。

最初に考えたのは、２０３０年の入浴風景です。

現在、日本人の多くが、ゆったりとした湯船でのんびり入浴するライフスタイルを好んでいます。足を伸ばしてゆったり入れる浴槽には約３００リットルの水が必要です。わたしたちは、この大量の水をほぼ毎日、常温から約40度に温めています。

このライフスタイルは、２０３０年も変わることなく続けられるでしょうか？

統計では、２０３０年の国内世帯数は４９００万世帯（現在は約５０００万世帯）と予測されています。約１００万世帯の減少ですが、その一方で、エネルギー供給、水の供給、環境問題は今後厳しさを増す可能性が高いといえます。つまり、この入浴スタイルをそのまま維持することは難しいと考えられるのです。

では2030年にどうやってお風呂に入ればよいのでしょうか？　この課題に対して、通常の思考（フォーキャスト思考）では解決策が出せません。なぜなら、制約（水、エネルギーの供給減少）を排除することができないからです。

このような場合、フォーキャスト思考は別のものを排除しようとします。たとえば「湯船でのんびりする」といった豊かさのほうを排除しようとするのです。その結果として出てくる答えは、こうなります。

「入浴回数を減らす」
「シャワーにする」
「身体を拭くだけにする」
「銭湯へ出かける」

これらに共通するキーワードは「**ガマン**」です。毎日の入浴、浴槽につかる、全身を洗う、1人でゆっくり過ごすといったライフスタイルを未来のわたしたちにあきらめさせることで、問題を解決しようというものです。

これは「**とにかく早く結論を出したい**」という脳の報酬系の働きから来る思考の流れです。ガマンによって問題は解決するかに見えますが、その代わり、未来のわたしたちのライフスタイルを排除してしまっています。

それだけではなく、そうしたガマンを強いるライフスタイルを2030年のわたしたちが楽しめるのかも、その状態を長く続けられるのかも問われていません。

これは、省エネの呼びかけにも通じる問題です。

では、バックキャスト思考ではどうなるでしょうか。

バックキャスト思考では、まず制約（問題）をそのまま受け止め、肯定します。

ここでいえば、2030年の社会では、毎日、各家庭で約300リットルの水を約40度まで加熱するために必要な水やエネルギーは得られないという制約をそのまま受け入れ、前提とするわけです。

次に、ガマンをします。もちろん、楽しい暮らしをガマンするのではありません。「早く結論を出したい」とせっかちな解決を求める脳の報酬系にガマンをさせるのです。詳しい手順は1章以降で解説しますが、ここでライフスタイルに注目すると、問題の本質部分が浮かび上がってきます。

「これからも毎日の入浴を楽しみたい」（未来の豊かなライフスタイル）

⬇

「水やエネルギーは足りない」（制約はそのまま受け入れる）

⬇

「水やエネルギーのいらないお風呂があればいい」

わたしたちは、この解に基づいて、製品を構想しました。

開発のヒントになったのは、アワフキムシという昆虫の生態です。

アワフキムシの幼虫は植物の汁を吸います。そして、余分な水分を排泄するのですが、この排泄物には有機物と空気が含まれており、泡状の石けんのようになっているのです。

この泡がアワフキムシのさなぎを覆うことで、外敵や紫外線、外気の温度変化から身を守るという仕組みになっています。空気を多く含む泡には、高い断熱性があるのです。

この仕組みを利用して、実際に開発されたのが**「水のいらないお風呂」**です。

水のいらないお風呂で必要な水量は、従来の100分の1、約3リットルほど。これを約70度に熱した泡状にすることで、全身を優しく包み、十分に温めることのできる浴槽を実現することができました。水、エネルギーともに大幅に使用量を減らすことが可能ですから、2030年の入浴スタイルとしても有益だと考えられます。

このお風呂のメリットは、それだけではありません。

空気を多く含む泡には高い断熱性があるので、従来の浴

水のいらないお風呂

槽よりも温度が下がりづらく、温め直すエネルギーが少なくて済みます。

また、泡が弾けるときに出る超音波には皮膚の汚れを落とす働きもあります。しかもその汚れ成分は泡の表面張力に引きつけられるので、身体には戻りません。つまり皮膚に負担をかけずに、効率よく身体を清潔にすることができるのです。それだけではなく、ほとんど湯気も立たないので完全に密閉する必要もありません。従来ならば浴槽を設置しづらかった場所での入浴も可能です。泡には水圧がかからないので、車椅子での入浴、高齢者やハンディキャップを持つ人たちの新しい入浴スタイルを提供できる可能性も生まれます。

ただ、みなさんお気づきのように、この「水のいらないお風呂」は、その後広く普及したとはいえません。多くの方々（とくに若い年代の人たち）に高く評価していただいたものの、１９９０年代半ばの日本では「湯船からお湯がざばーとあふれるような楽しみがない」といった否定的な声も多く、残念ながら、環境視点ではなく、ラグジュアリーな新しい泡風呂という形で市場投入されました。時期尚早だったのかもしれませんが、こうした新しい視点を持つアイデアは、社会に受容されるかどうか（社会受容性）も非常に重要なポイントなのは間違いありません。本書では、その点についても解説していきます。

なお、基本コンセプトにのっとった「水のいらないお風呂」は、静岡県静岡市の「ふじのくに地球環境史ミュージアム」に展示されています。

バックキャスト思考でもっとも大切なのは「真の制約」を「厳しく」明らかにすること

序章の最後に、バックキャスト思考を実践するうえでもっとも重要なポイントについて、簡単に述べておきます。

ある大手家電メーカーが高効率のエアコンを開発した、というニュースが話題になったことがあります。ポイントは、室外機のファンの表面に小さな凸凹をつけることでした。これにより、羽の回転時に生じる空気の流れがスムーズになり、エネルギー効率が上がり、騒音も小さくなるのです。ザトウクジラの胸ビレにあるコブをヒントにしている、という点も注目を集める理由になりました。この形状のおかげで、巨大なザトウクジラはエネルギーをあまりつかわずに、泳ぎ続けながら餌を採ることができるのです。

この高効率エアコンはバックキャスト思考から見て、適切な解といえるでしょうか。

ざっと考えると、

「エネルギーをできるだけつかわない」
「温室効果ガス（二酸化炭素など）の排出量を増やさない」
「夏の暑さ、冬の寒さのなかでも快適に暮らしたい」

といった将来起こる制約を受け入れたうえでの解決策のように見えます。また、別の資源を新たに消費する心配もなさそうです。素晴らしいテクノロジー開発の好例のように見えるかもしれません。
しかし、本当にそうでしょうか。
もう一歩踏み込んで考えてみましょう。

みなさんよくご存知のように、日本の家電商品はメーカー各社の努力により、近年、急速に効率化が進みました。エアコンの場合、この15年で約4割エネルギー効率が高まっています。同じく、家庭での電力消費が大きい冷蔵庫は、約8割の効率化が達成され、15年前に比べてほぼ2割のエネルギーで運転できるようになりました。

こうした「**エコ商材**」はその他の製品分野でも次々に開発され、市場に導入され続けています。しかし、ここで不思議なことが起こっているのをご存知でしょうか。家電製品の大半が大きく効率化されたにもかかわらず、各家庭の

日本の家庭部門用エネルギー消費の推移

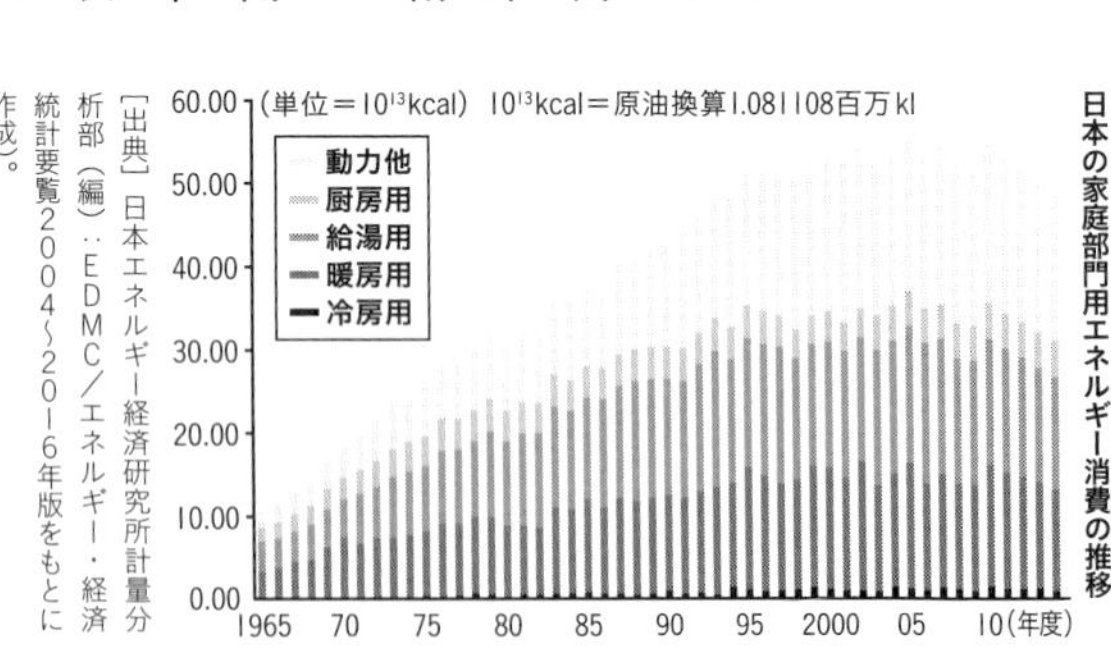

〔出典〕日本エネルギー経済研究所計量分析部（編）：ＥＤＭＣ／エネルギー・経済統計要覧２００４〜２０１６年版をもとに作成）。

エネルギー消費量は減っていないのです。統計を見ると、むしろ、増加し続けています。

この事実を踏まえて、ザトウクジラのエアコンについて考えてみるとどうでしょう。もしこのエアコンが広く普及し、そして、期待通りの効率を発揮したとしても、わたしたちはエネルギーを節約することはできず、環境問題を解決できない可能性は高いのではないでしょうか。

家電製品のエネルギー効率が飛躍的に高まり、エコに配慮した商品も市場にあふれているのに、エネルギー消費がまるで減らない。この皮肉な現象を、わたしたちは**「エコジレンマ」**と呼んでいます。

どうしてこんなことが起こるのでしょう。簡単にいえば、こうしたエコ商材が消費者に対して**「これさえつかえば省**

家庭部門のエネルギー消費と経済活動等

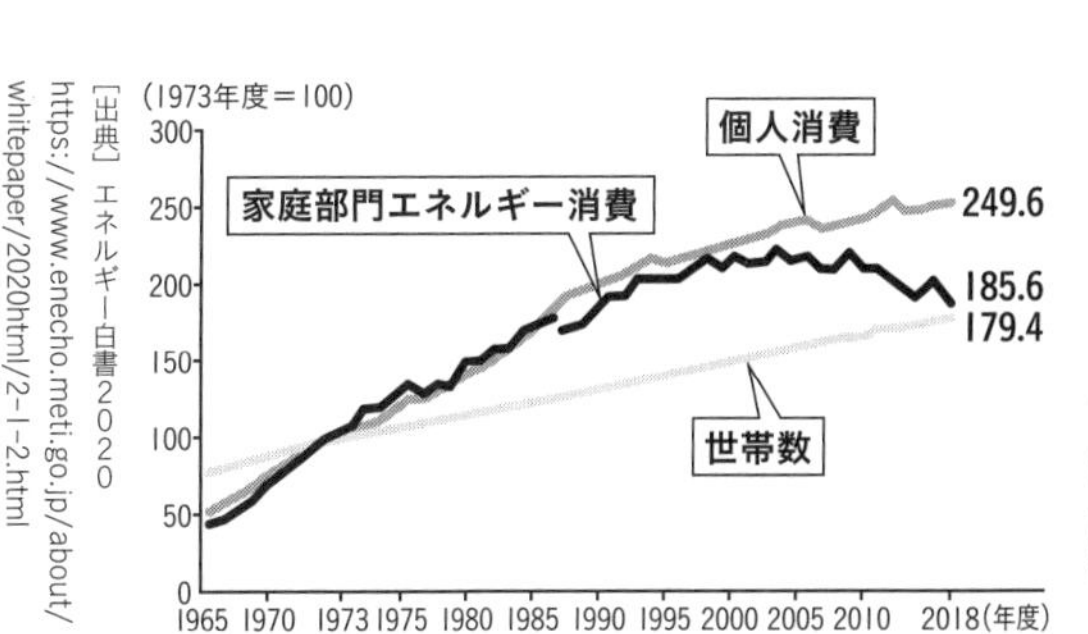

[出典] エネルギー白書2020
https://www.enecho.meti.go.jp/about/whitepaper/2020html/2-1-2.html

エネに貢献できる」という強い安心感を与えてしまうことが原因の1つだといえます。これらを購入することで、家電への依存度が高まってしまうのです。この本を読んでくださっている方のなかにも、省エネ対応のエアコンやテレビを導入してから、利用頻度が以前よりも高くなったという方がいらっしゃるのではないでしょうか。

　つまり、**エコ商材は、消費者にとって「消費の免罪符」になってしまう**という側面をもっているのです。もちろん、家電のエネルギー効率の向上自体を否定するわけではありません。メーカー各社にとって、それは取り組むべき大切な課題でしょう。しかし、エコジレンマという現実を直視すれば、そうした商材をただ市場に投入する（置き換える）だけでは、環境問題を本質的な解決に導くことは難しいのです。

エコジレンマの図式

エコ商材（従来よりもエネルギー消費効率向上）が市場に投入される

環境意識の高い消費者、経済性（電気代）を重視する消費者が購入し、普及する

消費者の安心感が高まり、エコ商材への依存度が強くなる

以前よりも使用頻度が増え、エネルギーの消費量は減らない（むしろ増える）

エコ商材が「消費の免罪符」となるエコジレンマの図式は前ページ下を参照してください。

こうした解は、本書でわたしたちが求めるものではありません。

バックキャスト思考において、このジレンマに陥るのを避け、本質的な解決に導くために重要なのは、思考の大前提となる**「制約」**を徹底的に詰めていくことです。

制約には、目に見える、表面的な制約と、目に見えない制約があります。まず、こうした制約をできるだけたくさん明らかにし、それらの制約すべての根源となっている**「真の制約」**を見つけ出す作業が欠かせません。のちほど詳しく解説しますが**「シンプルクエスチョン」というツールをつかうことで、真の制約を見つけ出す**ことができます。こ

土を蒸して固めたタイル：ソイルセラミックスを床につかった実験住宅

土のもっとも小さな凝集構造（すき間）は1億分の数m（数ナノm）、このすき間が人間が快適と感じる湿度（40％～70％）に自動的に調整してくれる。またそのすき間が多いほど、断熱性能も高くなる。日本の「土蔵」はこのメカニズムを活用して年中一定の温湿度を維持している。ソイルセラミックスは厚さ15㎜程度で、高い空気質制御機能を持つ。

の手順を踏めば、エコジレンマを避けることが可能です。

たとえば、エアコンの効きを高めるために、現代の家屋では高気密化、高断熱化が進んでいます。そのおかげでスイッチ1つで室温を素早く上下できるわけですが、その結果、結露対策が必要になったり、冬には加湿器が欠かせないという人も増えているのが現状です。

こうした環境下で必要なのは**「部屋の空気を四季を通じて快適にする」**という大きな視点からの解決を目指すことではないでしょうか。この視点に立てば、室温という限られたファクターだけではなく、空気質（温度や湿度）、風、音といった総合的な室内の空気全般について考えを進めることが可能になります。

また「温室効果ガスの排出量を増やさない」という制約も、「ひとまず今よりも減ればいい」というレベルにとどめるか、「国の定める目標値を達成する」とするか、または「ゼロに可能な限り近づける（＝出さない）」と考えるかで、導かれる解はまったく異なるでしょう。

このように制約を突き詰めていくと、土のエアコン（日本の「土蔵」や、中国山西省南部の洞穴式住居「ヤオトン」、キノコシロアリの巣の構造などにヒントを得た土製タイル）のような解を導き出すことができます。

このように、一見、単純なように見える制約でも、その背後にあるものを厳しく見極めていけば、本質的な「真の制約」が見えてきます。バックキャスト思考においては、この「真の制約」を見出し、受け入れることが非常に重要です。これを間違えてしまうと対症療法的な答えしか出てこず、既存の解決法の単なる置き換えになってしまったり、エコジレンマのような状態を招いてしまいます。

この解説を読んで「制約を厳しくしたら、解を出すのが難しくなってしまう」と思われた方もいるのではないで

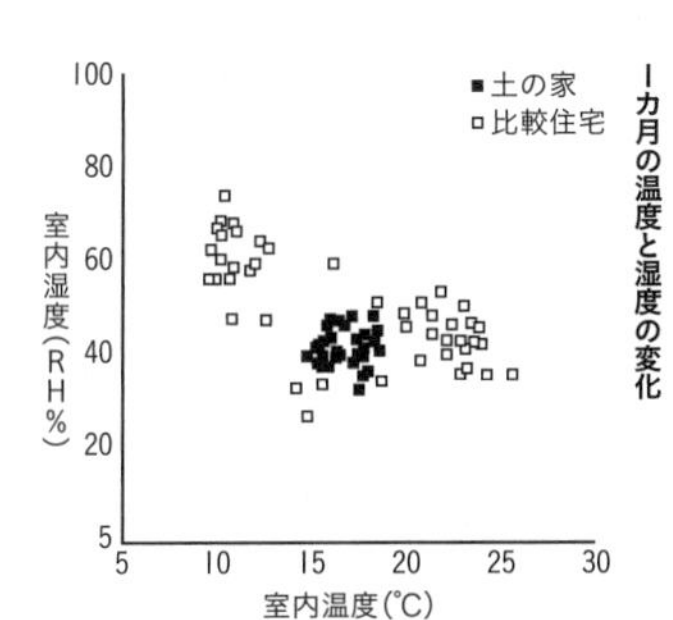

一カ月の温度と湿度の変化

しょうか?

しかし、そうした考えは、従来の思考(フォーキャスト思考)における常識に過ぎません。「制約を一刻も早く排除したい」という衝動が、そうした思いを強めてしまうのです。そして「制約はできるだけ小さく見積もったほうが素早く解決できる」と考えてしまうバイアスこそが、「真の制約」から眼をそむけさせ、対症療法的、場当たり的な解決へとわたしたちを誘い込む元凶になっています。

バックキャスト思考はそれとはまったく異なります。より厳しく、より本質的な制約を受け入れることで、イノベーティブで本質的な解に近づけると考えます。

もう1つ、重要なことがあります。

それは、**バックキャスト思考で得られる解は、あくまでもイノベーションプロセスであるという点です**。得ることができるのは解決策そのものではなく、**「解決への方向性」**に過ぎません。

ですから、最終的な解決策を見つけるためには、バックキャスト思考で得た方向性を実現するための作業が必要となります。このときに用いるのは、フォーキャスト思考です。

さきほどの「水のいらない風呂」でいえば、「毎日お風呂に入りたい、でも、水やエネルギーは今のようにはつかえない。それなら、水やエネルギーのいらないお風呂があればいい」という方向性を見出すまでが、バックキャスト思考の役目です。

そこから「泡のお風呂」という具体的なアイデアを構想するプロセスが必要でした。このプロセスには、フォーキャスト思考が用いられます。

具体的な手順は、1章以降で詳しく述べますが、この最後のプロセスは、既存のテクノロジーの応用で対応できるケースもあります。ただ、より**イノベーティブな発想をするためには「自然」「ライフスタイル」という要素について考察することが非常に重要**になることを覚えておいてください。

1章

バックキャスト思考の基礎

バックキャスト思考とは

バックキャストという思考ツールが提唱されたのは1970年代のことです。誕生当時のバックキャスト思考は、おもに電力ほかエネルギー政策の立案などの政策分野で用いられていました。1990年前後になると、交通インフラの持続可能性（サステナビリティ）の検証、企業の持続可能性を含めたコンサルティングにも応用されるようになります。

広く知られるようになったのは1997年にスウェーデンの環境保護省がまとめた「2021年の持続可能性目標（Sustainable Sweden 2021）」というレポートがきっかけです。その後、日本でも国土交通省や環境省の長期ビジョン策定に活用されるようになり、やがて民間企業にも広がっていきました。多くの企業は、この手法を、10年、20年といった長い視野での経営ビジョン作成につかっています。

注目が高まり続けている背景には、変化が激しく、先行きが不透明な時代があるといえるでしょう。こうした時代を生き抜く道を探すには、わたしたちが従来おこなってきた思考方法（フォーキャスト思考）では限界があります。まずさきに理想とする将来像を描くバックキャスト思考は、不透明な時代に解決策を見つける手法としてつかわれているのです。

バックキャスト思考は、理論上、25年～75年後というタイムスケールを想定するのがもっとも有効だとされています。しっかりと描いた将来像を開始点とし、そこに到達するためにはどのような手段が必要かを考える、という流れでおこないます。

この手法がとくに有効となるのは、次のような問題の解決です。

- **複雑で、長期的な社会動向や外部的な要因に左右される問題**
- **現在の延長線上ではなく、解決のためには大きな変化が必要な問題**

一言でいえば、フォーキャスト思考では解決できないような問題に対応する際に有用な思考ツールなのです。

バックキャスト思考の活用範囲は今も広がり続けています。将来像の創出手法として用いられるだけではなく、**最近では、未来という概念にとらわれず、制約を肯定した解決策を求める手法も開発されています。**

アップル社の創業者であるスティーブ・ジョブズは、バックキャストの思考回路を持っていたといえます。iPhoneやiPadを開発したとき、彼の目には、すでに、それらの製品がつかわれている未来が見えていたはずです。バックキャスト思考を理解することは、ジョブズと同じ世界を見ることだといってもいいでしょう。

バックキャスト思考の基本手順

では、さまざまな分野の課題に対し、バックキャスト思考で解を求めていく際の、基本的な手順について解説しましょう。
バックキャスト思考を実践する流れはこのようになっています。

STEP 1 解決したい問題に関わる「制約」と関連する要素をすべて洗い出す

STEP 2 「シンプルクエスチョン」を繰り返し、本質的な「真の制約」を明らかにする

STEP 3 真の制約を受け入れたうえで、未来像を描く

STEP 4 その未来像に対し、現在のままでは発生してしまう問題（解決するべき本質的な問題）を見極める

STEP 5 その問題を解決する方法（解）を検討する

こう記すと簡単なことのように思えるかもしれません。しかし、序章で解説したように、わたしたちの脳は通常の思考（フォーキャスト思考）に流れやすい性質を持っていますから、実践するのは決して容易なことではありません。

ですから、フォーキャストに陥りがちな自分の脳のことをしっかりと意識し、注意するべきポイントを1つずつ丁寧に押さえてください。そうすれば、バックキャストでの思考を実践することができます。

とくに重要となるのは、STEP1とSTEP2です。

制約を「未来像を描く原点」と捉える

バックキャスト思考を実践するうえで、最大のポイントとなるのは「**制約**」です。制約は、フォーキャスト思考においては、一刻も早く排除されるべきものでした。しかし、バックキャスト思考における制約は「**問題点を明らかにするための原点**」となります。

このスタンスを意識しておくことは、非常に重要です。

制約に対する意識を変えることで、思考の流れにどんな違いが生まれるのか。多くの課題に関係する「**地球環境問題**」という制約を例に、考えてみます。

みなさんよくご存知のように、地球環境の劣化という問題は、未来像を考えるうえで避けては通れない制約の1つです。10年後、20年後を見据えた商品やサービスの開発、ビジネスモデルの立案、行政課題の解決をしようとすれば、どのようなジャンルであれ、この問題は関わってくるのではないでしょうか。

地球環境という具体的な制約がある以上、現在のようなエネルギー資源のつかい方を今後も続けることはできません。そのうえで「未来の豊かな暮らし」をフォーキャスト思考で構想しようとすると、どうなるでしょうか。

その場合の典型的な思考を図にしたものが、次ページの天秤（てんびん）の図です。

この図は、「**制約**」（地球環境）と「**未来像**」（豊かな暮らし）を秤（はかり）にかけ、両者のバランスを保つこと＝解であると見なす考え方です。このフォーキャスト思考の結果生まれる解決策は、おおむね次の2通りに分けることができます。

- **環境劣化や資源の枯渇に配慮して、これまでの豊かさをガマンする**
- **テクノロジーの進歩によって、環境負荷を小さくする**

前者の実践例が、「省エネ」の呼びかけやPR、各種啓蒙活動です。

しかし、こうしたガマンはなかなか持続しないのが現実です。一時的には「節電するぞ」「ゴミを減らすぞ」と努力できても、時間が経てば、ずるずると元に戻ってしまいます。これは個人や家庭だけでなく、企業も同じなのです。

フォーキャスト思考の天秤イメージ

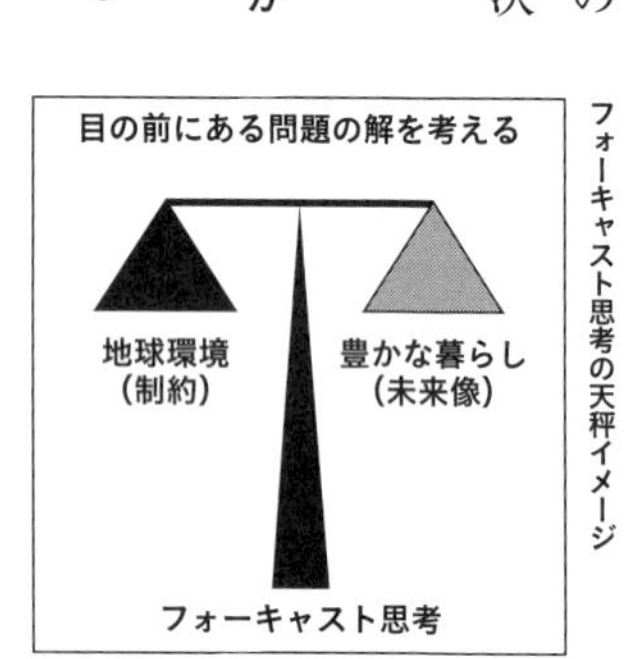

では、後者はどうでしょうか。

後者の思考から生まれる解決策の典型例が、いわゆる「**エコ商材**」です。

しかし、序章でも触れたように、エコ商材は「エコジレンマ」を起こしてしまいます。

これは意識や普及率、テクノロジーの問題ではありません。よく知られているように、日本は先進国のなかでも群を抜いて地球環境問題への意識の高い国です。ある統計によれば、国民のおよそ9割が環境問題を重視し、企業もさまざまなエコ商材を開発し、市場に投入し続けてきました。家電や自動車のエネルギー効率は驚くほど進化し、その普及率も高まり続けているのに、家庭内でのエネルギー消費量は増加の一途をたどっているのです。経済産業省・資源エネルギー庁の『エネルギー白書2019』によれば、対1990年比で120％になっています。

家庭内エネルギー消費量の増加は先述したように、エコ商材が「消費の免罪符」となっているがゆえに起こったと考えられます。

国もエコポイント制度や週末の高速道路乗り放題といったエコ政策で、こうした消費の増大に拍車をかけてしまいました。また、企業にとっても、エコに関するテクノロジー水準を高め、エコ商材を市場に投入していれば「環境に優しい企業」というイメージを守れるという免罪符となっていたという側面もあります。

つまり、フォーキャスト思考が想定している「天秤」の土台には、わたしたち人間が快適さ、便利さの方向へと常に流されてしまう**「欲」**があるといえます。そして、大量生産・大量消費という社会構造がある以上、この欲の肥大化は避けられません。その結果、いくら省エネの大切さをアナウンスしても、エネルギー効率の高い商品を開発・投入しても、地球環境への負荷を小さくすることはできない「エコジレンマ」に陥ってしまうのです。

では、バックキャスト思考ではどうなるでしょうか。

バックキャスト思考では、両者を天秤にかけることはしません。

フォーキャスト思考における天秤の実態

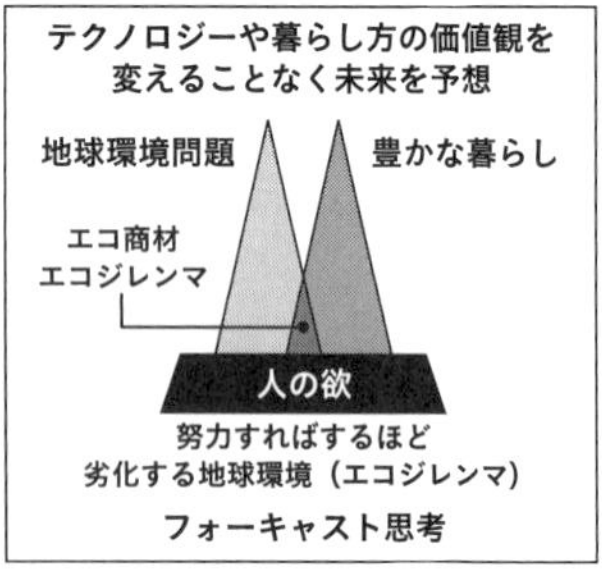

テクノロジーや暮らし方の価値観を
変えることなく未来を予想
地球環境問題
豊かな暮らし
エコ商材
エコジレンマ
人の欲
努力すればするほど
劣化する地球環境（エコジレンマ）
フォーキャスト思考

「制約」（地球環境）を土台にし、その上に構築できる「未来像」（豊かな暮らし）を探していきます。これにより、ガマンやエコジレンマに陥ることのない解を模索することが可能となるのです。

繰り返しますが、**バックキャスト思考において「制約」は、排除されるものではなく、原点（土台）なのです。**

バックキャスト思考は制約を「土台」にする

STEP 1　**解決したい問題に関わる「制約」と関連する要素をすべて洗い出す**

ポイントその1　厳しい制約を多く見出すほど、画期的で豊かな解が生まれる

バックキャスト思考において「制約」は、未来像を描く原点でした。ですから、STEP1のプロセスでは、できる限り厳しい制約を、できる限り多く見出すことが重要に

なります。

もし、明らかにするべき制約を見落としたり、甘く見積もったり、過小評価してしまうようなバイアスが働けば、誤った原点に基づいた未来像を描くことになり、そこから導かれる解も誤ったものになってしまいます。

序章で紹介した、経済産業省の「2025年技術戦略マップ」はこの意味で疑問の多い例だといえます。なぜなら、この計画で描かれている未来像を実現するためには、エネルギー資源の問題、地球温暖化問題といった、わたしたちがすでに知っている重要な制約が解決していることが不可欠だからです。

64ページから2点のロードマップを掲載しました。眺めてみてください。

これらのロードマップは、そうした環境制約を「テクノロジーの進歩によって解決している」と仮定するなどして、かなり甘く見積もっているといわざるをえません。その前提で未来像を描き、そこから逆算して「○○年までに△△を達成する」という目標を設定しているわけです。これらの目標が本当に達成可能なのかはここでは論じませんが、このような未来像の描き方は、少なくとも、適切なバックキャスト思考の産物とはいえないのは明らかです。

バックキャスト思考では、土台となる制約をできる限り厳しく見る必要があります。そのほうが現実的な未来が描けるのはもちろんのこと、導き出される解決策も、画期的で、豊かなものになるからです。

制約が豊かさにつながるという感覚は、少々イメージしづらいかもしれません。

それは、**わたしたちの社会が、基本的に制約（問題）を排除することで豊かさを高めてきた**からです。制約のない暮らしに慣れてしまえば、当然、制約とは「煩わしく、排除されるべきもの」という感覚になります。たとえば、電球が切れれば「取り替える」という発想になり、それ以外の解決策は思いもつきません。

しかし、停電が日常化している国からやってきた人や、戦前や戦中の貧しい時代を生きてきたご老人なら、どうでしょうか。こうした方々ならば、明かりがないという制約

電気、ガス、熱、そして水素を最適に活用する地域ネットワークの実現。
生物プロセスを利用した、環境修復と有機工業社会の台頭。
――自然に学び、自然を活かす社会システムが確立する。

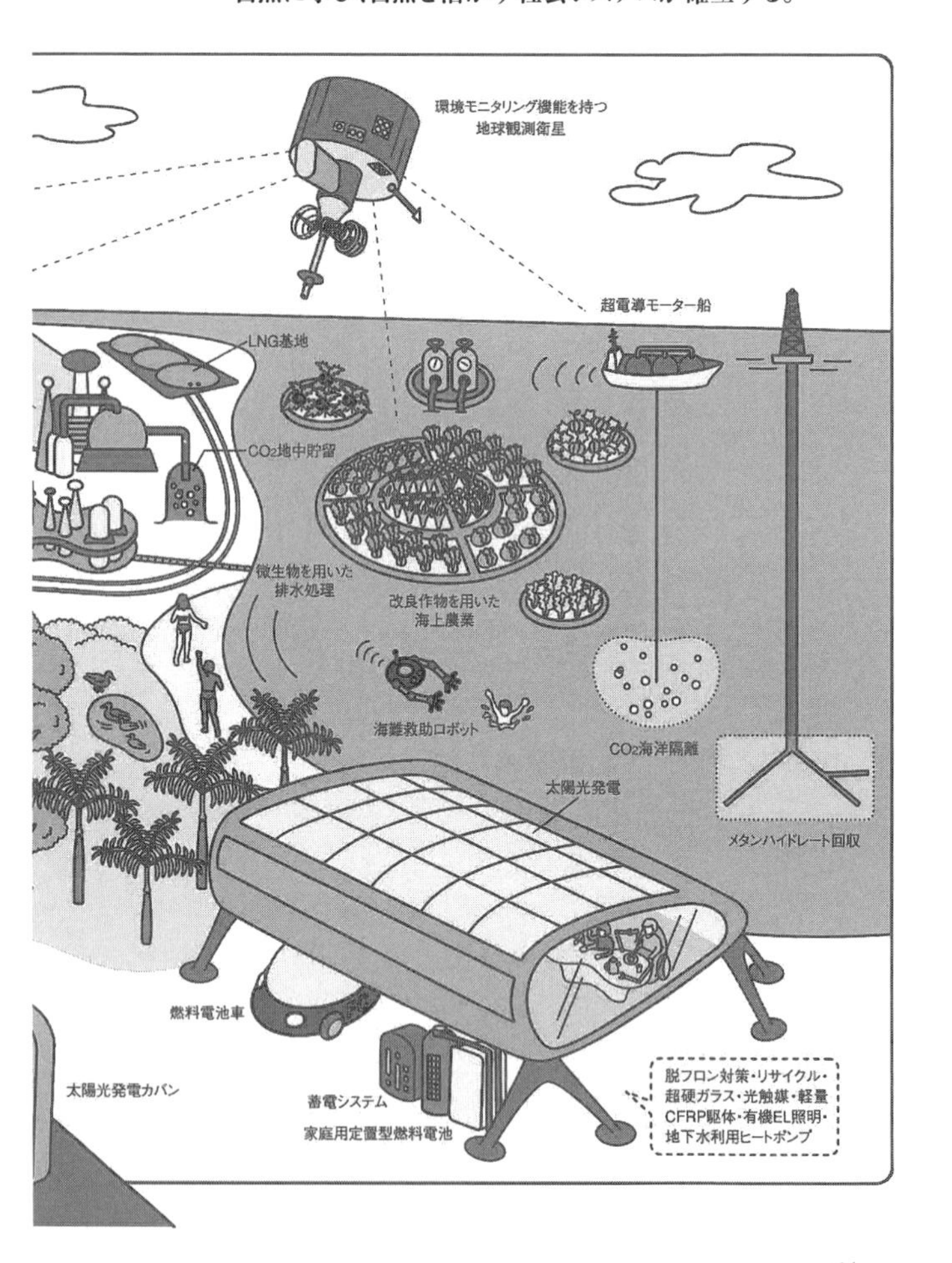

地球とエネルギー・環境技術

「2025年技術戦略マップ」より（図版提供:NEDO新エネルギー・産業技術総合開発機構）

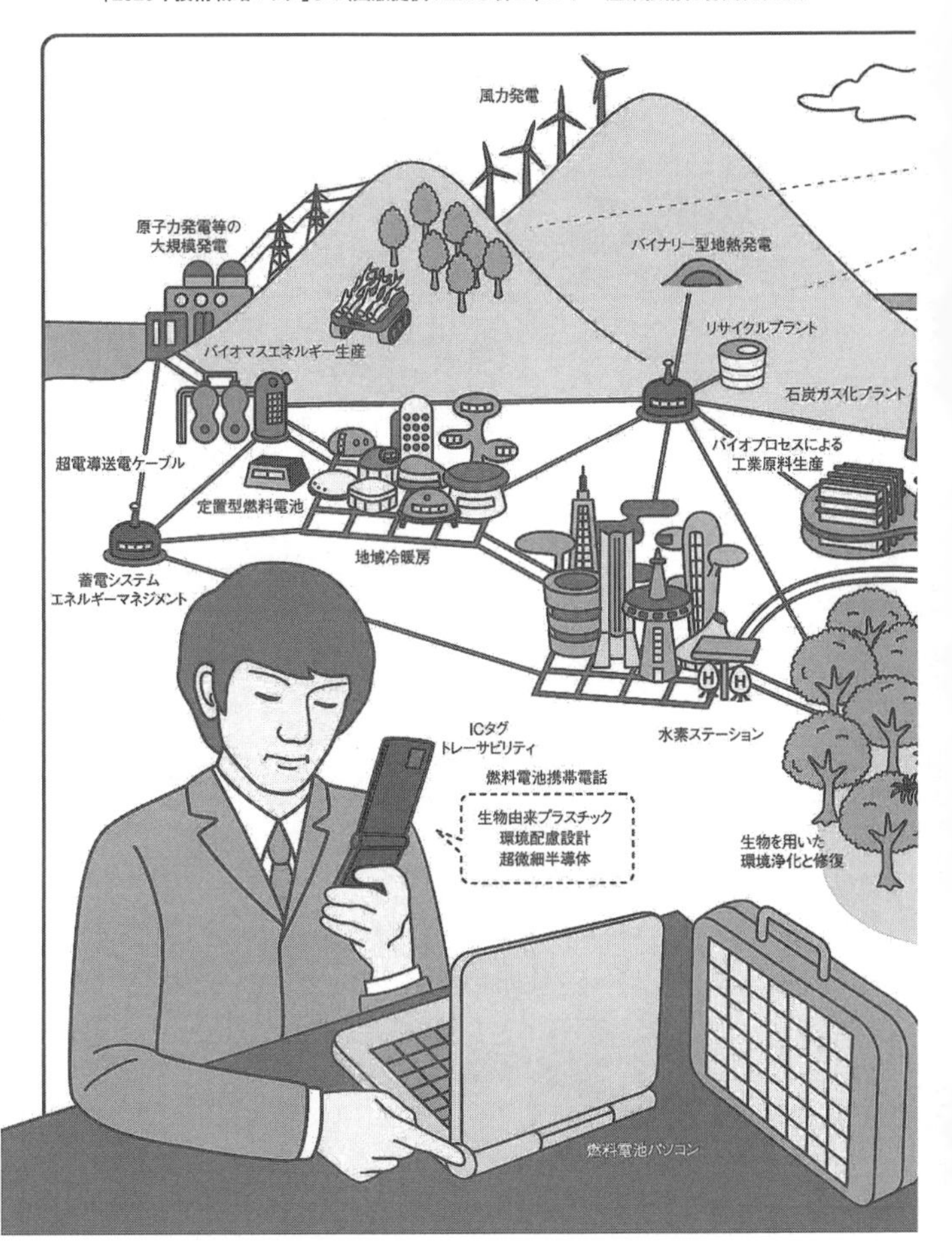

体内のリアルタイムセンサが、栄養管理をおこなう予防医療。
電子カルテの健康情報とつながる、個人創薬や遠隔手術。
――ITとライフサイエンスが、やさしい医療に結実する。

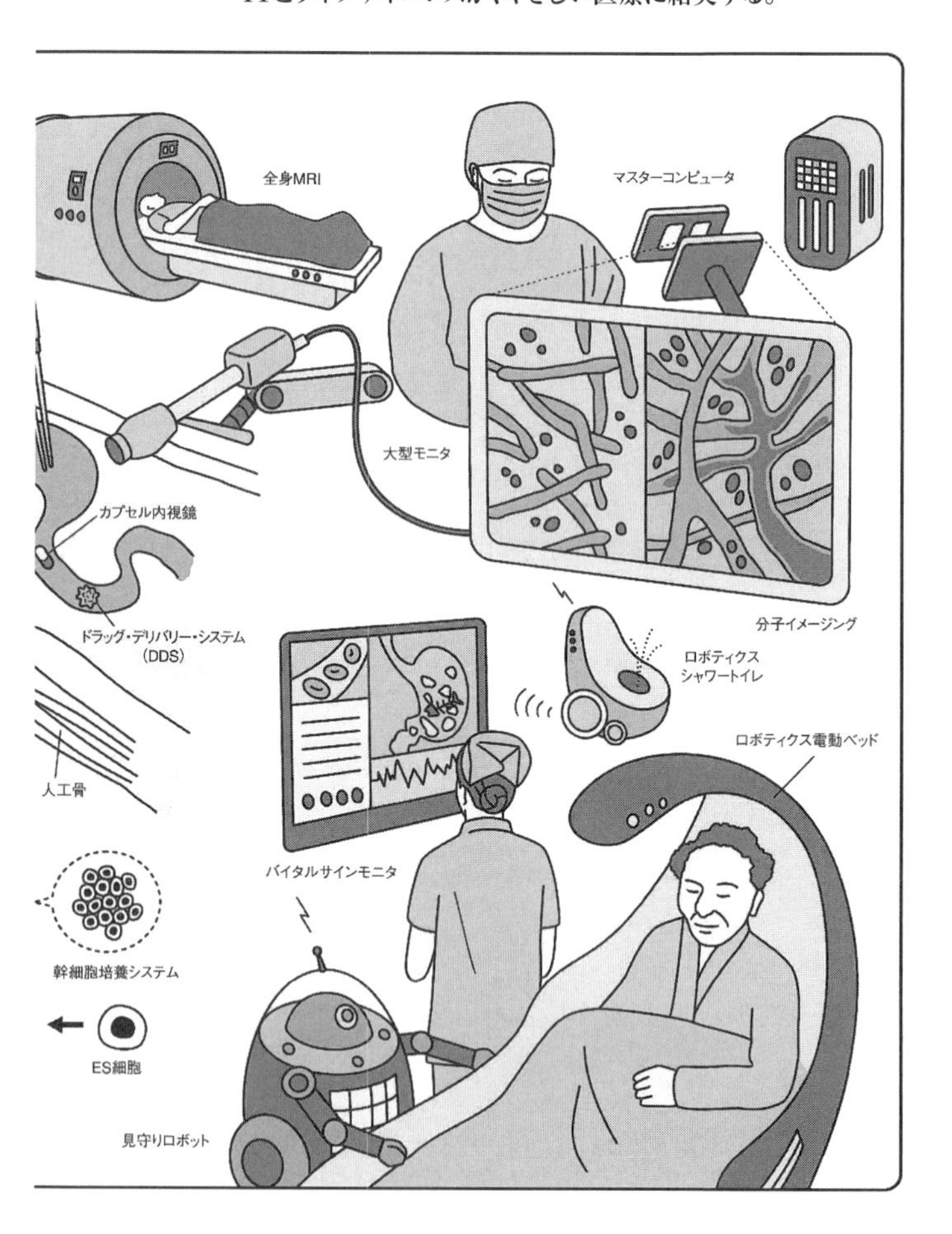

医療とバイオ技術

「2025年技術戦略マップ」より（図版提供:NEDO新エネルギー・産業技術総合開発機構）

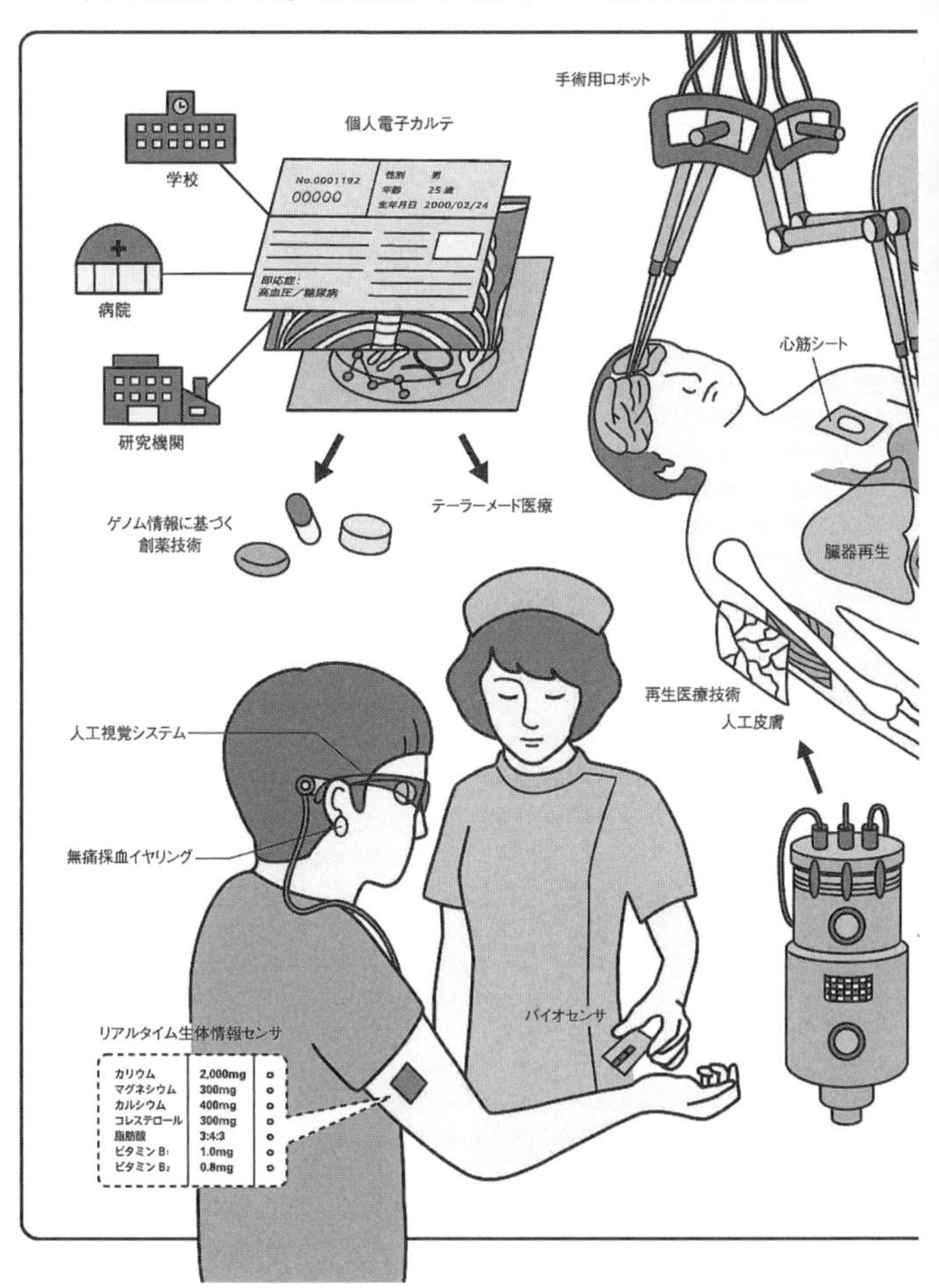

を前提とした解決策や対処の方法をすぐ思いつく可能性は高まります。なぜなら苦しい時代を知る人々には「**制約を受け入れながら、楽しく豊かに暮らしてきた**」という、たしかな経験があるからです。

こうした人たちに比べると、多くの制約に対して否定的な感覚しか持ちえなくなっている現代人は、価値観が単一化し、バックキャスト思考をより難しくしているといえるでしょう。

厳しい制約を数多く明らかにするためには、制約をポジティブに捉える感覚が絶対に必要です。

心の豊かさは制約のあるところに生まれる、という前提で、制約を積極的に明らかにしていくようにしてください。この点については3章以降で詳しく解説しますが、戦前を知る人たちの価値観を集めた「**90歳ヒアリング**」（132ページ参照）もそのためのツールとして利用できるはずです。

STEP 1 解決したい問題に関わる「制約」と関連する要素をすべて洗い出す

ポイントその2

制約の向こう側に「見えない制約」が存在することを意識する

切れた電球の事例では、土台となる制約は1つだけでした。

しかし、現実にわたしたちが取り組まなくてはならない課題の多くは、それほど単純な構造にはなっていません。実際には、複数の制約が関わってくるはずです。

前者の構造を「単層制約」、後者を「複層制約」と呼びます。

複層制約には、現在「見えている制約」以外に「見えない制約」があります。

それは、ある制約の背後に存在する問題だったり、将来発生する問題だったりします。また多くの場合、1つの制約は、別の制約とトレードオフ（何かを達成するために、別の何かが犠牲になるような関係性）の関係になっています。

たとえば、抗生物質は、人類が悩まされてきた「病原菌への感染」という命に関わる問題を解決する奇跡の薬として20世紀初頭に登場しました。しかし、およそ1世紀にわたって、さまざまな細菌に効果を持つ抗生物質がつくられ、世界中で多用された結果、あらゆる抗生物質の効かない「耐性菌」という新たな脅威を生み出してしまいます。

その代表的なものが、医療機関内で院内感染を引き起こすメチシリン耐性黄色ブドウ球菌（ＭＲＳＡ）でした。もちろん、すぐにＭＲＳＡを克服する新しい抗生物質が開発されましたが、やはり、その抗生物質も効かない耐性菌が生まれています。この構図は抗生物質に限ったことではなく、ウイルスに対抗する抗ウイルス剤についても同じで、抗ウイルス剤が効かない薬剤耐性ウイルスが大きな問題になりつつあるのが現状です。

これは「病原菌やウイルスへの感染」という制約を排除しようとしたことで、「抗生物質、抗ウイルス剤の効かない新たな病原菌、ウイルスへの感染」という新たな制約を生んでしまったトレードオフ構造を持つ複層制約の一例だといえます。

序章で紹介した「硫酸エアロゾルを成層圏に注入する」という地球温暖化対策も、同様のトレードオフに陥る懸念があります。

　この構想が提案された直接のきっかけは、1991年に起こったフィリピンのピナツボ火山の噴火でした。この噴火によって大量の硫酸エアロゾルが噴出したことで、地球の平均気温は最大0・6度下がったことが確認されています。つまり、この噴火と同じことを人為的におこなって地球の温度を下げれば、地球温暖化問題を直接的に解決できるのではないかというわけです。世界中の国々が低炭素社会を実現するためにかかる費用や負担に比べれば、コストが大幅に小さく済むのも魅力だといわれています。

　しかし、成層圏に注入された硫酸エアロゾルにはオゾン層を破壊し、太陽光を反射、拡散させるという作用があります。その結果、空の色が変わり、海水の蒸発量、降水量も大きく変動するでしょう。人類を含めた動植物、生態系への影響も未知数です。

ピナツボ火山の噴火の様子

もし仮にこうした新しい問題をすべてうまくコントロールできたとしても、別の制約が生まれる可能性があります。エコ商材と同じ「エコジレンマ」に陥る可能性です。この構想が画期的な成功を収めれば、わたしたちは安心し、現在と同じように地球温暖化ガスを出し続けることでしょう。そうなれば、人類は永遠にエアロゾルをまき続けるしかありません。もし止めてしまえば、急激な温度上昇に襲われることになるからです。これもまた制約間のトレードオフの事例です。

わたしたちがバックキャスト思考を用いて描きたいのは、このような新たな制約に縛られてしまう未来ではないはずです。目指すべき有意義な未来像への道筋を導き出すために、「見えない制約」をも明らかにしておく必要があります。

こうした「見えない制約」やトレードオフ関係を明らかにし、本質的な「真の制約」を導き出すためのツールが、次に解説する「シンプルクエスチョン」です。

STEP 2 「シンプルクエスチョン」を繰り返し、本質的な「真の制約」を明らかにする

ポイントその1

真の制約を明らかにするツール「シンプルクエスチョン」とは

見える制約は、解決したい課題に関連する資料を集めたり、周辺事情に詳しい人や専門家にヒアリングをおこなえば集めることが可能です。しかし、見えない制約はそういうわけにはいきません。しかも、わたしたちが抱える課題の多くには、複数の原因が互いに複雑に関係し合っています。

このような複雑な複層制約の構造を可視化し、本質的な制約を明らかにするツールが「シンプルクエスチョン」という手法です。

シンプルクエスチョンでは、実際に起こっている現象に対し、頭に浮かぶシンプルな疑問を繰り返し投げかけます。その解答を考えることで、問題の本質的な原因と構造を明らかにしていくことができるのです。

STEP 2 「シンプルクエスチョン」を繰り返し、本質的な「真の制約」を明らかにする

ポイントその2

シンプルクエスチョンは「正当性」「論理性」のみを問う

シンプルクエスチョンは、さまざまな制約から発生する現象に対して**「論理性」**や**「正当性」**に関する疑問を問いかけるものです。これを繰り返しおこなうことにより、将来起こりうる制約や、トレードオフな関係にある隠れた制約を明らかにし、最終的に受け入れるべき**「真の制約」**を導き出すことができます。

シンプルクエスチョンを効果的におこなうポイントは、論理性（論理的に矛盾せず、整合性があるか）、正当性（社会通念などの理にかなっているか）について問うことです。**「将来予測」「解決策」「事実の確認」**についての問いかけはシンプルクエスチョンとして有効ではありません。

シンプルクエスチョンとして有効なのは、次のような問いです。

シンプルクエスチョン

（論理性の問い）
矛盾していないか
その現象が生じている原因、仕組みはなにか
その現象がなぜ改善していかないのか

（正当性の問い）
なぜそうなるのか
あるべき姿に反していないか

シンプルクエスチョンではない

（将来予測の問い）
将来どうなるのか、いつまで続くのか

（解決策の問い）
○○するのは可能か、どうしたら解決するのか

（事実の確認の問い）⬆制約の確認にのみつかう
事実関係はどうなっているのか

STEP 3 ポイント 真の制約を受け入れたうえで、未来像を描く

制約をそのまま受け入れ、新たな意味付け（新価値創出）をおこなう

シンプルクエスチョンを繰り返しおこない、問いかけ続けた先に、本質的な制約（真の制約）が現れます。ＳＴＥＰ３は、この制約を受け入れた未来像を描くプロセスです。制約は、通常の思考（フォーキャスト思考）では排除されるべきものでしたが、バックキャスト思考では受け入れることになります。

「制約を肯定する」と言葉でいうのは簡単ですが、序章で解説したようにわたしたちの脳には報酬系が備わっているので、このプロセスで余計なバイアスがかかってしまうことが少なくありません。「こんな制約を前提にはできない」と制約を小さく見積もったり、「テクノロジーの進歩で解決するに違いない」と制約条件を甘く考えようとしてしまうのです。そうなってしまうと、フォーキャスト思考をした場合と代わり映えのしない、

現状の延長線上にある解決策しか導き出せません。真の制約は肯定的に受け入れることが重要です。

その際、多くの場合、新たな意味付け（新価値創出）が必要となります。

なぜなら、厳しい制約を前提とした未来は、現在のわたしたちの価値観からは非常に不便でガマンを強いるものに見えてしまうからです。しかし、わたしたち人間は一度手に入れた豊かさや便利さを簡単に手放したりはできない生き物です。バックキャスト思考で描かれるべき未来像は、厳しい制約をきちんと受け入れる一方で、同時に、持続可能で、豊かな社会でなくては意味がありません。厳しい制約のなかで、ガマンをするのではなく、ワクワクドキドキできる未来を描く、ここまでがＳＴＥＰ３だと捉えるとよいでしょう。

未来像に新たな意味付けをおこなうヒントとして、もう1つ重要となるのが**「ライフスタイル」**という視点です。地域の持つ特性や、文化、暮らしに根ざしたライフスタイルに注目することで、新たな価値を創出し、豊かな未来像を描くことが可能となります。

この点については、2章、3章で詳しく解説します。

ゴミ排出問題を例にあげて、少し考えてみましょう。

２０１８年に、アメリカのスターバックス社がプラスチックストロー廃止を打ち出し、大きな話題となりました。日本国内でも今年（２０２０年）3月から、全店舗で紙ストローが導入されています。２０１８年度の統計によれば、年間約3億トンのプラスチックが生産され、そのうち最大約１３００万トンが海に流出。その流出総合計は１・5億トンと推定され、誤食した海鳥が毎年１００万羽以上、10万匹にのぼる哺乳動物やウミガメが死んでいます。また、微細化したマイクロプラスチックによる、有害物質の濃縮、それを口にした生物や人間への悪影響も指摘されています。こうした現実を見ると、今後、使い捨て容器包装に対する風当たりは、ますます厳しいものになることは明らかです。

この環境制約を考慮すれば、「使い捨て容器包装を前提とした生産システム」という制約を、将来において受け入れることはできません。そこで、より厳しく「使い捨て」ではない「リユース」を前提とした生産システムとそれを積極的に受け入れる消費者のライフスタイルが確立した未来像を描くことにしました。

STEP 4 ポイント
その未来像に対し、現在のままでは発生してしまう問題（解決すべき本質的な問題）を見極める

バックキャスト思考が示すのは方向性のみ。時間軸はフォーキャスト思考で構築する

ＳＴＥＰ３では未来像を描きました。いよいよ、そこへと至る道筋を考える段階に入ります。しかし、今明らかになっているのは、現在地と目的地だけです。つまり、わかっているのは向かう方向だけだといえます。じつは、バックキャスト思考は正確な時間軸を持ちません。目的地（未来像）に向かうための具体的な行程は、フォーキャスト思考で考える必要があるのです。

ここで改めて、２つの思考法の違いについて考えてみましょう。

過去→現在→未来という時間軸は連続したものです。通常の思考（フォーキャスト思

考）は、この時間軸の連続性に強く影響されています。つまり、

「過去はこうだった」（過去）

「そこから現在まではこんな経緯があった」（過去から現在までの経緯）

「現在はこうなっている」（現在）

「だから未来はこうなるだろう」（未来）

という思考の流れです。このように、時間軸と同様に連続した未来を描くのが、フォーキャストによる未来への思考だといえるでしょう。

この思考法で地球環境問題を考えれば、人間は今後も利便性や快適性を追求し続けることになります。もし、世界中の人々が、現代の日本人と同じ暮らしをしようとすれば、たちまち資源やエネルギーが足りなくなり、地球は2個以

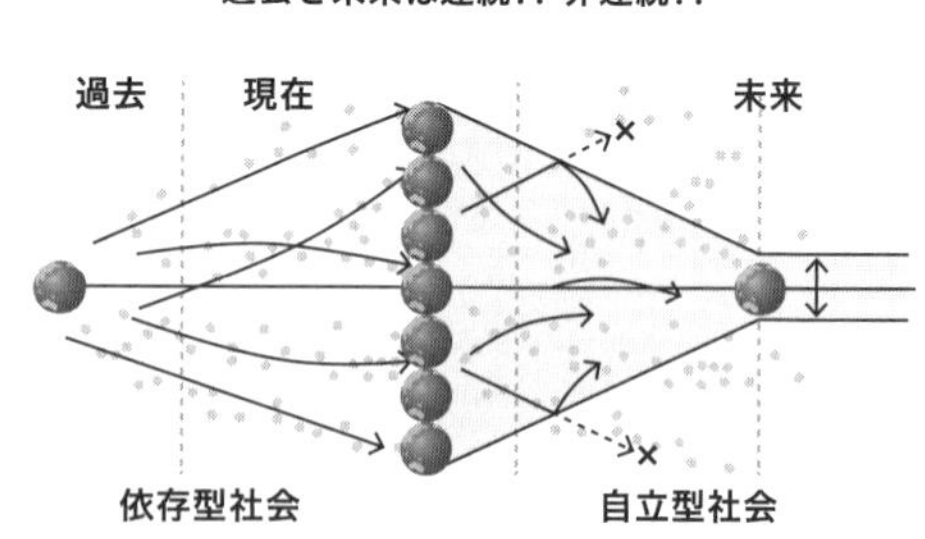

バックキャスト思考は、非連続な思考で未来と過去をつなぐ

上必要です。無論、地球は1つですから、そんな未来はありえません。そこで地球を1つで足りるようにするために、フォーキャストが出しがちな答えの1つが省エネなどの「ガマン」なのです。

バックキャスト思考はこれとは異なります。

過去と未来は時間軸ではつながっていますが、思考的には非連続にすることができるのです。地球の例えでいえば、**現在から未来を見るのではなく、1つの地球（未来像）から現在を見るわけです。**

この前提を踏まえたうえで、STEP4ではフォーキャスト思考を用います。

STEP3で描いた未来に行き着くために、どんなハードルを、いつまでに飛び越えなくてはいけないのかを具体的に積み上げていく作業です。

ビジネスモデルや、より長期的で本質的なビジネスシステムを構築する際には、ここで**KFS（Key Factors for Success「重要成功要因」）**分析をおこなうのが効果的です。

KFSは、事業を成功させるためにもっとも重要な要因を抽出するためのツールですが、その分析結果と、シンプルクエスチョンで抽出した制約の双方を両立させるような未来像を構想する形で用います。すると、越えるべきハードルと時間軸が見えてくるはずです。そこから、戦術や戦略を具体的にしていくという手順を踏みます。

さきほどのゴミ排出量削減の事例で考えてみましょう。現在、すでに日本国内の容器包装製造業界は縮小傾向にあります。原油高による原料（樹脂）価格の高騰、人件費の安い海外事業者の参入に加え、有料化に伴うレジ袋削減の取り組みが全国に広がり、大手のレジ袋製造事業者は、工場の閉鎖や海外移転、生産構造の変革を余儀なくされつつあるのです。

この状況はピンチのようにも見えますが、さきほど描いたリユース型の未来像と比較すると、絶好のチャンスと捉えることができます。つまり、レジ袋削減で芽生えた環境

KFS（Key Factors for Success「重要成功要因」）

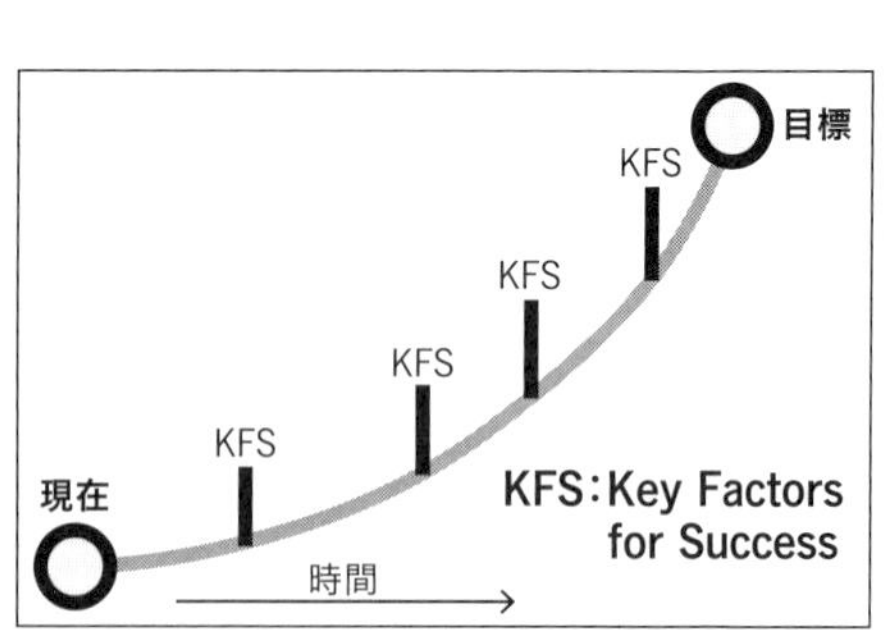

意識の高まりが、環境負荷の小さい容器包装の導入、それを積極的に活用するライフスタイルの実現につながっていく兆しが見えているともいえるからです。

この問題に取り組んでいたわたしたちは、今、必要とされているのは、レジ袋以外の使い捨て容器包装の削減にまで切り込んだ、消費者の買い物ライフスタイルに大きなインパクトを与える方策だと考えました。つまり、リユース可能な容器包装製造・提供サービスの構築です。

もう1つ重要なポイントとしたのは、容器包装製造事業者が積極的にこの流れに参入することでした。レジ袋削減という従来の施策では、彼らは不利益を被るトレードオフな立場にあったといえます。しかし、容器包装に関する膨大な知識や技術の蓄積を持つ製造事業者が深く関わらなければ、現状を根本から変えることは難しいでしょう。

もしリユース可能な容器包装製造・提供サービスを構築できれば、容器包装製造事業者にとっても大きな利益となるはずです。サステナブルなライフスタイルのトレンドを創り出す企業として、社会貢献の面で高い評価を受けられるというメリットもあります。

これは、**容器包装業界全体の「使い捨て」から「リユース」への構造的な変換を促進することにもつながる**のではないでしょうか。

このような検討を経て、サービス、ツール、アイデアを立案しました。

簡単に解説すると、その中心となるのは容器包装適正化事業です。これは、容器包装製造事業者が、必要最低限かつ環境負荷の小さな容器包装を提供しながら、小売業者が使用する使い捨て容器包装資材を削減するコンサルタント事業や付加サービス事業を提供するというものです。この事業には、消費者の環境意識を喚起する「**環境家計簿容器包装版**」や「**容器包装価格明示方式**」といったツールやアイデアも含まれます。

具体例としては、スーパーマーケットに、発泡スチロールトレーやフードパックの代わりに「**リユースボックス**」と呼ばれるフタ付きのリユース容器を提供し、容器回収後の洗浄システムもセットにしたサービス開発が考えられます。また、缶、ビン、ペットボトルの代わりに「**リユースボトル**」を提供し、飲料売り場で消費者が自分の好みの量を購入できるようにするサービスや、プラスチック製フィルム袋を使用している商品（インスタント食品、調味料、お菓子など）を、なるべくリユース可能な「**リユースパッ**

ケージ」に包装して提供するといったサービスも構想されています。

もちろん、すべての容器包装をリユース化できるわけではありません。必要最低限な部分では、今後も使い捨て容器包装をつかい続けることになるでしょう。その場合でも、環境負荷はより小さくしていく工夫も必要ですから、この事業では、そのための研究や開発も手がけていきます。たとえば、汚れたフィルム状プラスチックは、洗浄したり、リサイクルすることは非常に困難ですが、レトルトパウチ食品などでは、どうしても使用しなくてはいけないのが現状です。この課題に対する方策（生ゴミ由来のポリ乳酸製のフィルムに転換して、生ゴミと一緒に処理できるようにするなど）の提案もおこなっていきます。

この事業は、容器包装製造事業者、マイ（エコ）バッグ製造業者、小売業者（スーパーマーケットなど）、消費者、行政それぞれにメリットをもたらす形で、使い捨て容器包装を総合的に削減・適正化し、環境負荷低減を未来に向けて達成していくことを目指して構想されています。バックキャスト思考では、このように、フォーキャスト思考とは違う解が導き出せるのです。

ポイント STEP 5 その問題を解決する方法（解）を検討する

具体的な解を得るヒントは「自然」にある

最後のＳＴＥＰ５は、問題を解決する方法（解）を検討するプロセスです。

ただし、さきほどのゴミ排出の事例のように、ＳＴＥＰ４でハードルを具体化すると同時にその越え方が明らかになるケースもあります。そのような場合はＳＴＥＰ５はもちろん不要です。

ただし、ハードルを見つけても、乗り越え方がわからないというケースも少なからず存在します。その原因の1つとなっているのが、わたしたちが現在用いているテクノロジーです。その多くが地下資源・エネルギーを大量につかうことを前提としているので、厳しい環境制約を乗り越えられないのです。

こうした場合は、自然のなかにヒントを探してみるとよいでしょう。これは科学批判や自然回帰の感傷ではなく、科学的な事実です。地下資源・エネルギー型テクノロジーにはまだ200年強の歴史しかありませんが、自然には地球史46億年、生命史38億年にわたる淘汰の繰り返しがあります。

クマムシはなぜ真空で生きられるのか。マグロはどうして休むことなく泳ぎ続けられるのか。アリはどうやって仲間と情報を交換しているのか。魚の群れはなぜ互いにぶつかることなく一斉に行動できるのか。自然界には、わたしたちの知らない謎が満ちています。わたしたち人間は、彼らほど小さなエネルギーで駆動し、完璧な循環システムを維持することはまだできません。自然は、この地球において、持続可能なシステムを維持し続けている唯一の存在だといえるでしょう。

自然はわたしたちの知らない知識と知恵の宝庫です。あらゆる生物、あらゆる植物に、間違いなく、わたしたちのテクノロジーやサービスを進化させるヒントが隠されているはずです。

自然を応用したテクノロジーについては4章で詳しく解説します。

「バックキャスト思考」練習問題

以下の問題についてフォーキャスト思考、バックキャスト思考で、それぞれ解を導いてください。

問題1　京都の大学を出て3年間、学生時代に知り合った彼（東京在住）と遠距離恋愛中です。そろそろ結婚したいと思い始めているのですが、京都と東京でそれぞれ充実した仕事に就いており、たまに会ってもお互い自分の仕事の話ばかりで、最後はケンカになることもしばしばです。どうしたらいいでしょう？　〈単層制約〉

問題2　100円ショップで社費購入したカッターナイフをつかい、事務所でA4用紙に印刷した宛名の切り取り作業をしていました。すると、力をかけ過ぎたせいか、柄が折れ、手にケガを負ってしまいました。事務所としては、カッターナイフの使用に関し、どのような結論を出すべきでしょうか？　〈複層制約〉

練習問題回答例

問題1

制約は「遠距離」。これを肯定するか（バックキャスト）、否定するか（フォーキャスト）の2通りになります。

フォーキャスト思考の解決

どちらかが自分の仕事を辞めて、東京か京都で一緒に暮らす。

バックキャスト思考の解決

入社3年めで、2人とも仕事が充実している時期、会うたびに互いの仕事自慢になっているのかもしれません。遠距離を肯定するには、2人が一致できる目的や趣味（合目的）を決め、そのための時間を楽しむのがいいでしょう。

空間や時間的なものを均一にする（たとえば東京と京都の真ん中、浜松あたりに家を建てて結婚）という解決策では、恐らくうまく行かないのではないでしょうか。

じつはこの問題は、わたし（石田）が以前、実際に受けた相談です。そのときに提案したのは別荘探しでした。最初は軽井沢の高級物件などを物見遊山気分で見学していたようです。しかし、見る目が養われ、情報にも詳しくなると、具体的で現実的な検討をするようになりました。やがてキッチンやリビング用品なども見てまわるようになり、その後、遠距離のまま結婚、別荘の購入も現実化しそうということです。

問題2

制約に関わりそうな要素は「１００円ショップ」「社費」「カッターナイフ」「Ａ４用紙に印刷」「柄が折れる」など。その関係性をシンプルクエスチョンで詰めていくと、「カッターナイフでケガをした」という基本構造に他の要素が関わっていることがわかります。

フォーキャスト思考の解決

カッターナイフの事務所での使用禁止

バックキャスト思考の解決

カッターナイフへの安全意識を高めるためのKYT（危険予知訓練）などの定期的な開催。

（補足解説）実際の現場では「100円ショップの商品使用禁止」「宛名はラベルに印刷する」「経費の削減はカッターナイフ以外の部分でおこなう」といった解決になることもあります。そうなるのは「100円ショップで買ったものだから折れるのだ」「経費削減をし過ぎているから安物をつかったのだ」という認識が強いことが原因です。誤認を防ぐためには、その制約が真実かどうかを確認し、シンプルクエスチョンを繰り返して防ぐことが大切です。

フォーキャスト

COLUMN

「バックキャスト思考」実践シート

88ページの練習問題1を例にしています。解説は94ページにあります。

A《制約排除方法》
（制約をどのように直接排除するか）

遠距離
←
2人の空間的な距離を短くする

❶《解決したい課題》

京都の大学を出て3年間、学生時代に知り合った彼（東京在住）と遠距離恋愛中です。そろそろ結婚したいと思い始めているのですが、京都と東京でそれぞれ充実した仕事に就いており、たまに会ってもお互い自分の仕事の話ばかりで、最後はケンカになることもしばしばです。どうしたらいいでしょう？

課題：遠距離恋愛のため、会うたびにケンカしてしまう

❷《課題における地球環境制約は何か》

A《制約の受け入れ方》
（制約を適応する方法）

遠距離
←
趣味、生活などに関して合目的をつくる

バックキャスト

B《解決方法》

・どちらかが転職する、あるいは仕事を辞める
・東京と京都の中間に住む
◎金銭的に、時間的に無理がかかる可能性がある

該当なし

❸《課題におけるシンプルクエスチョン（真の制約）は何か》

（仕事）充実
（時間）会う頻度が少ない
（お金）移動費がかかる
（コミュニケーション）SNSなどでは不十分
↓
会いたくて、お互いに時間をつくって会っても、ケンカになってしまう
遠距離のため普段の時間にお互いの充実感がない
↓
シンプルクエスチョン：遠距離

B《解決方法》

・終の棲家（ついのすみか）はともかく、休暇などにゆっくりできる2人の隠れ家、いつかは手に入れたいと思う別荘を探す
・オンラインでも夫婦生活を楽しむ（仮想空間）
・共通の新しい趣味を見つける
⇓副業につながる可能性もある
◎結果としては、別荘散策を繰り返し、だんだんとそれが現実味を帯び、収入の一部をそのために貯金し、昨年、遠距離のまま結婚されました。別荘の購入はまだのようですが、現実化しそうとのことです

「バックキャスト思考」実践シートのつかい方

前ページは、バックキャスト思考とフォーキャスト思考を整理するために使っているシートです。次のようにつかってください。

1　❶の欄に解決したい課題を書く

2　❷の欄に課題における地球環境制約を書き出し、制約下での社会の在りようをイメージする。❸でシンプルクエスチョンを繰り返し、真の制約を明らかにする

3　制約を排除する方法を考え、上のフォーキャストのA欄に書き出し、解決方法を明らかにして上のB欄に書き出す

4　制約を肯定する方法を考え、下のバックキャストのA欄に書き出す

5　バックキャストでの解決方法を明らかにし、フォーキャスト思考で、KFS（重要成功要因）に落とし込み、下のB欄に書き出す

6　両者の解を比較して、具体的な行動を決める

2章

バックキャスト思考を実践しよう

4つの落とし穴に気をつける

バックキャスト思考は、通常の脳の思考法（フォーキャスト思考）とは異なっています。十分気をつけているつもりでも、わたしたちの脳は素早い解決を求めてしまい「こんな制約は受け入れられるわけがない」「制約はいずれ排除できるに違いない」と即断し、いつの間にかフォーキャスト思考での議論に陥ってしまうことがあるのです。

この落とし穴には、いくつかの共通するポイントがあります。とくに起こりやすい典型的なパターンは次の４つです。

1　部分的な問題にとらわれてしまう
2　現在あるものだけで未来を考えてしまう
3　ネガティブに考えてしまう
4　「環境負荷の削減」のみを考えてしまう

逆にいえば、この4つの落とし穴に注意すれば、バックキャスト思考を実践しやすくなります。それぞれの落とし穴になぜはまるのか、そのメカニズムと対処法をまとめておきましょう。

バックキャスト思考の落とし穴対策1

「部分的な問題」にとらわれないようにする

バックキャスト思考をおこなうメリットの1つに、通常のフォーキャスト思考では導き出すことが難しい「本質的な解決策」を見出せることがあります。

しかし、これがうまくいかないケースが少なくありません。それは、**わたしたちが取り組むべき課題の多くが、複数の制約が相互に絡まり合った「複層制約」の構造を持っているから**です。このような問題では、制約をきちんと絞り込むこと（54ページ「バックキャスト思考の基本手順」のSTEP1、STEP2）が重要です。この手順を経ず、目に見える制約にだけ注目してしまうと、部分的な問題への対症療法的な解しか得られなくなってしまいます。

さきに「水のいらないお風呂」を展示（40ページ参照）していることを触れた「ふじのくに地球環境史ミュージアム」は2016年に静岡県が設立しました。廃校になった高校をリノベーションした博物館で、生徒たちが長年つかい続けた机を廃棄せず、そのまま展示物を飾るテーブルとして活用しています。

その意義は、展示台を新調するコストを抑えるだけではありません。机には、生徒のイタズラ書きが残っているものもあります。従来の感覚では、こうした机は、不要で無駄なものとされるでしょう。しかし、このミュージアムでは、このイタズラ書き付きの机が、展示を彩るデザインの一部であり、また、思い出をたどる痕跡として機能しているのです。

これは、通常の価値観では無駄だとされる机に、新しい意味付け（新価値創出）をした事例だといえます。結果だけを見れば「なんだ、そんな小さなことか」と思われるかもしれませんが、実際の課題解決の場でこうした解答にたどり着くのは容易ではありま

生徒のイタズラ書きが残る
机を展示台にしている

ふじのくに地球環境史ミュージアム（静岡県静岡市）　静岡県立静岡南高校をリノベーションして2016年に開館。DSA日本空間デザイン大賞（日本経済新聞社賞）をはじめ、国内アワード4件、海外アワード7件を受賞し、展示内容とともに、そのデザイン性も世界から高く評価されている。

せん。「廃校になった学校に放置されたままになっている中古の机」という概念から解き放たれなければ、こうした発想が出てくることはないからです。

バックキャスト思考は、このような解を導き出しやすくするツールです。

しかし、部分的な問題（机の廃棄コスト、展示台のデザインやコスト、ミュージアムのコンセプトなど）だけを考えていては、このような価値創出はできません。フォーキャスト思考と変わらない、個別の対症療法的な解が出てくるだけでしょう。

バックキャスト思考を貫き通すためには、より全体的に、上位概念で考えることが大切です。そのためには、まずＳＴＥＰ２において、シンプルクエスチョンを何度も何度も繰り返し、より本質的な真の制約を導き出す手順を重視してください。これが中途半端になっていると、表面上の制約に対する解を考えてしまうことになります。そのうえで、制約を受け入れる段階（ＳＴＥＰ３）では、全体的な視点から、新たな意味付け（新価値創出）を考えるのが有効です。

バックキャスト思考の落とし穴対策2
現在あるものだけで未来を考えないようにする

わたしたちが通常の思考（フォーキャスト思考）をおこなうときに前提とするのは、現在（今）です。未来の姿を描くときも、無意識のうちに、今、世界に存在しているモノ、サービス、テクノロジーを手がかりに考えてしまいます。

その思考から描かれる未来は、現在の姿に何かを追加する、あるいは、何か不便なモノやサービスを取り除く、というものになりがちです。また、現在存在するテクノロジーの本質的価値は不変と見なし、その技術的な発展を前提とした将来像しか描けません。

その典型例が、自動車です。フォーキャスト思考で描かれた未来像の多くには、当然のように自動車が走っています。もちろん、未来の自動車ですから、高齢者の危険運転にも当然、対処していることでしょう。そこで「機械やＡＩが運転する自動車の開発こそが急務」といった解が出てきます。これこそが「現在あるものだけ」からの発想です。

しかし、このような未来が本当に実現するのでしょうか。Amazon や Google といった世界の情報センターが使用するエネルギーは２０１５年時点ですでに年間３０００万キロワット（原子力発電所30基分）を超えており、２０２０年にはその情報量が約８倍になると予想されています。単純計算すれば、原発２４０基分のエネルギーを新たにどこかから調達しなければなりません。安全な自動運転車を実現するためのＡＩの開発や管理、運用に必要な情報をやり取りするエネルギーは果たしてどこからやってくるのでしょうか。

このような矛盾が生じるのは、将来の制約（エネルギー供給の厳しさ）をきちんと受け入れていないからです。これからのことを真剣に考え、今わたしたちが採るべき道を探るには、こうした制約を前提とした社会を構想することが欠かせません。

バックキャスト思考を適切に実践すれば、エネルギー資源の制約を受け入れることは大前提となります。そのうえでシンプルクエスチョンを繰り返せば、「自動車で移動する」さらには「何らかの移動体で個人が移動する」という価値観の変革にまで踏み込むことができるでしょう。そうなれば、自動車をどのように変化させるかではなく、たとえば**「自動車のいらない街に必要な移動媒体はどのようなものか」「人が大きく移動しないでも暮らせるようにするにはどうすればいいか」**といった発想が生まれます。ＡＩ技術を支えるＩＴ産業についても**「社会にとって本当に必要な情報とは何か」**という大きな視点で考えることが可能になるのです。

つまり、現在存在するものだけにとらわれないようにするためには、厳しい制約をきちんと受け止めることが大切だといえます。そうすることで、転換点ともなりうるイノベーティブな発想が生まれるのです。

わたしたちが現在あるものにとらわれてしまう一因には、落とし穴１で触れた「部分的な問題」も関わっています。つまり、自動車の開発者は自動車の未来、コンピュータの開発者はコンピュータの未来だけを考えている、という縦割り的な構造です。

それぞれの専門家がそれぞれのカテゴリーで徹底的に議論し、最適だと考える解を見出したとしても、それは**「部分最適」**でしかありません。部分最適をいくらたくさん集めても、全体最適になるとは限りません。**未来を創造する思考とは、部分ではなく、まず全体最適を考えるところから始めるべきなのです。**

バックキャスト思考の落とし穴対策3

「制約＝ネガティブ」というイメージにとらわれない

バックキャスト思考を適切におこなうためには、まず制約を受け入れることが欠かせません。

しかし、フォーキャスト思考に慣れているわたしたちは、排除できない制約に対して、ネガティブな捉え方をしがちです。そのため、その厳しい制約を前提とした未来をイメージするのは、かなり困難な作業になります。「どう考えても無理だ」と決めつけてしまったり、制約をできるだけ小さく見積もろうという無意識のバイアスがかかってしまうことが少なくないのは、そのためです。

フォーキャスト思考における制約は、多くの場合、排除もしくは軽減されるべきものとして扱われます。この思考法で一生懸命「制約と共存しよう」と考えると、「**ガマンする**」という解が導かれます。

その典型的な例が、節電、節水などのいわゆる「**省エネルギー（省エネ）**」という概念でした。世界中の先進国、もちろん日本でも、この言葉の重要性は広く認識されるようになっていますが、その結果はどうでしょうか。家電製品のエネルギー効率は大幅に改善されましたが、その効果を上回るほどエネルギー消費量は増大し続けています。国際的なCO_2削減の取り組み、東日本大震災など、わたしたちには省エネを強く意識する機会が数多くあったにもかかわらず、そのガマンは長続きしませんでした。制約を受け入れるにあたり、「ガマン」というネガティブな対応は、解決策にはならないのです。

バックキャスト思考では、このような「制約＝ネガティブ」という先入観にとらわれず、ポジティブに捉える方法を考えます。

たとえば、家の壁に、新しい棚を設置したい。制約は、あまりお金がないことだとしましょう。

フォーキャスト思考では、買うのをあきらめる。または安いもので妥協してガマンするといった解が考えられます。

ここで、不要になった廃材をもらってきて、棚を自作するという解はどうでしょうか。自分でノコギリをひき、クギを打って、好みの棚をつくるわけです。既製品に比べたら少々不格好になるかもしれませんし、最初はめんどうに感じるかもしれません。しかし、実際にこうした作業をやってみると、設計したり、試行錯誤したりといった行動自体が楽しく、喜びに変わることは少なくありません。捨てられる寸前だった廃材を生き返らせたという喜びを感じたり、新たな趣味や楽しみとなることもあるでしょう。

このように、制約を受け入れることは、必ずしもガマンを強いるものではありません。それどころか、新たな知恵や喜びを生むこともあるのです。

わたしたちが全国各地（岩手県北上市、宮城県仙台市、三重県志摩市、大阪府豊中市、池田市、兵庫県豊岡市、鹿児島県沖永良部島など）で実施している**「木育ワークショップ」**では、子どもたちに自分でまな板をつくってもらいます。このワークショップはここで終わりではありません。そのまな板を各家庭でしばらくつかってもらい、次は傷の多くなったまな板をやすりで削る、修理の方法を学びます。そして、3回目は、ボロボロになったまな板を自由に切り刻んで、コースターにしたり、キーホルダーにしたりするのです。

　このワークショップの目的は、モノをできるだけ捨てずに、ボロボロになるまで大切につかい、再利用することを実体験してもらうことです。しかし、参加している子どもたちに「ガマン」のようなネガティブな態度はまったくありません。最後に「自分でつくったまな板を切り刻んで悲しくなかった？」と聞くと「新しいモノに生まれ変わったからうれしい」といったポジティブな答えが返ってきます。「せっかくつくったのに」と文句をいうのは、むしろ思考法の転換を苦手とする大人のほうです。

「制約はネガティブなものだ」と決めつけては、画期的な解決策にはたどり着けません。先入観にとらわれず、思考法を変えて、自由な捉え方をすることが、ポジティブで心豊かな未来を描くことを可能にするのです。

「木育ワークショップ」でつくられたまな板など

バックキャスト思考の落とし穴対策4

「環境負荷の削減」ばかりを考えない

みなさんは**「環境制約」**という言葉をご存知でしょうか。

大気、水質、土壌などの汚染防止、各種資源の保全、地球温暖化防止といった、地球環境を維持していくために必要となる制約です。21世紀初頭を生きるわたしたちが未来を描こうとするとき、この制約は決して避けることのできないものだといえるでしょう。大規模プロジェクトの立案はもちろんのこと、たとえ数十人、数人規模の中小企業のビジネスモデルであったとしても、小さな町や村の活性化を考える場合であっても、この制約を無視していては、未来を正しく見通すことはできません。

ご存知のように、環境制約は完全に排除することのできない制約です。そのため、フォーキャスト思考においては、まず環境にかける負荷（環境負荷）を削減する方向へと考えを進めることになります。たとえば、環境破壊につながる活動はできるだけしない。どうしても必要な場合は最小限に留める。不必要な環境破壊が起こらないような仕組みを設けるといった解決策です。しかし、これもガマンの一種に過ぎません。CO_2削減を巡る現状を見れば、その実効性にも疑問が残ります。そもそも、このような「してはいけないこと」を増やすネガティブなやり方では心豊かな解決策を見出すことはできないのではないでしょうか。

もちろん、環境負荷を削減する努力がまるで無意味というわけではありません。冷蔵庫やエアコンの進化など、テクノロジーによってエネルギー効率を高める努力には、大きな価値や意義があります。しかし、そうした努力もエコジレンマによってその価値を毀損（きそん）されてしまい、問題解決にはつながっていないのが実情です。つまり、環境負荷の削減だけを考えても、本質的な解とはならないのです。

ここで必要なのは、そうした努力をすると同時に、ある程度の環境制約は受け入れ、そこに楽しみや喜び、心の豊かさといったポジティブな要素を見出し、その将来像に向かっていくことです。それこそが、今、この時代に、バックキャスト思考をおこなう意義だともいえるでしょう。

もう1つ重要なのは、イノベーションにつながるようなテクノロジーやサービス、政策を考える際には、環境制約を受け入れた未来の社会全体を想定することが欠かせないということです。たとえば、**気候変動（温暖化）対策でCO_2削減のため、クルマを電気自動車に置き換える、という発想は、真の制約を理解していない典型例**だといえます。

未来における気候や資源、エネルギー、人口、水や食料、生物多様性をめぐる状況などがどうなっているのかを網羅的に考え、真の制約を受け入れている社会から構想すれば、「クルマのいらない街づくり」「未来の移動媒体」といった発想を持つことができるのです。

22世紀、23世紀のことはわかりませんが、少なくとも今後数十年、おそらくはそれ以上長く、わたしたち人間はこの地球という環境のなかで生きていかねばなりません。その間、限られた大気や水、土壌、資源といったものを利用し続けることは避けられません。それはつまり、この環境を維持していくことと同義です。ビジネスであれ、プロジェクトであれ、個人の生活設計であれ、**長期的な視点に立って計画を立案しようとするな**

らば、「自然環境との共生」は、理想論ではなく、現実の課題だと捉えるべきでしょう。

エコジレンマと「ライフスタイル提案」という企業の責任

バックキャスト思考を実践しようとするとき、もっとも難しいのはおそらくSTEP3、**「制約を受け入れたうえで、豊かな未来像を描く」**部分でしょう。1章でも触れましたが、ここでポイントとなるのは、新たな意味付け（新価値創出）をおこなうことです。言い換えれば、厳しい制約をネガティブにではなく、ポジティブなものとして受け入れるための意味付けが必要となるわけです。

その大きな手がかりとなるのが、**「ライフスタイル」**という観点です。

エコ商材を例に考えてみましょう。ここまで何度か指摘してきたように、日本ではテクノロジーの進歩とメーカーの不断の努力によって、多くの家電商品のエネルギー効率が大幅に改善し続けてきました。しかし、家庭全体でのエネルギー消費量はむしろ年々増えており、エコ商材の効果の大半がエコジレンマによって、相殺されてしまっているのが実情です。

「エコな家電をつかっているから、節電のことは考えなくてもいい」
「テレビもエコになっているから、大画面にしよう」
「エアコンの電気代が安くなったから、各部屋に1つずつ付けよう」

その原因の一端には、消費者のこうしたマインドがあると考えられます。重要な点なので、何度も繰り返しますが、エコ商材は**「消費の免罪符」**として機能してしまう側面があります。それゆえ、環境劣化に対する企業責任を果たそうと開発した商品が、地球環境に貢献できない。この構図は、開発するメーカーにとってもうれしいものではないでしょう。それどころか、エネルギー効率の向上が各社共通の競争要因となったことで、激しいコスト競争、価格競争の消耗戦にさらされ、エコへの注力がかえって自社のブランド価値を毀損しかねない状況になっているケースも少なくありません。

エコ商材は、来るべき未来に起こる「エネルギー資源の枯渇」という制約をテクノロジーによって排除しようというフォーキャスト的な試みだといえます。しかし、**現在の「大量消費」というライフスタイルのままでは、膨張する消費欲求に抗しきれないのです。**

ポイントは、ライフスタイルです。もし、**エコ商材の開発・販売と併行して、現状とは異なる「未来のライフスタイル」を提示すれば、エコジレンマを回避できる可能性は高まります。**つまり新しい、豊かなライフスタイルのある社会像を提示し、「この商品はその社会において必要とされるものです」と消費者に伝えるわけです。

「企業がライフスタイルを売る」の好例として紹介したいのが、ソニーのウォークマンです。**ウォークマンという商品は、機械自体ではなく「音楽を外へ持ち出す」というライフスタイルを売るものでした。**実際、1979年の発売当初から、宣伝でもライフスタイルを前面に押し出していたといいます。機械は、新しいライフスタイルを実現するためのツールに過ぎなかったわけです。

機械としてのウォークマンは、記録媒体がカセットテープから、CD、DAT、MD、メモリースティック、ハードディスクと変化し、その形や性能は大きく変わりました。

現在では多機能なスマートフォンにその座を明け渡した感もありますが、登場から40年以上多くの人に愛され続け、ソニーのブランド価値の向上に貢献したのはまぎれもない事実です。これは、企業が魅力的な未来のライフスタイルを提示し、「この商品はその社会において必要なものです」と売り出したからこそ実現できたことだといえるでしょう。消費者はライフスタイルを支持し、そのために商品を購入し、企業を応援したのです。

ライフスタイルに着目することには、部分最適を避けるという効果もあります。

エコ商材のエネルギー効率は、たしかに大きく向上しています。しかし電力消費の少ないＬＥＤの登場は、街中に照明器具が氾濫する状況を招いてしまいました。エアコンは一家に１台ではなく、各部屋に設置するようになっています。ミクロな視点では最適に見える解（部分最適）が、全体最適につながるとは限らないのです。これもまたエコジレンマの一因となっています。

しかし、将来あるべきライフスタイルをまず描き、そこから商品開発をおこなえば、こうした問題は起こりません。つまり、**全体最適から部分最適を考えるのです。**

これを可能にするのが、バックキャスト思考なのです。

21世紀初頭を生きるわたしたち、そして企業などの組織にとって「**厳しい環境制約のなかで豊かに暮らすとはどういうことか**」を考えることは避けられない課題だといえます。すべての人間が引き受けるべき責任といってもいいでしょう。エコはスタートラインであって、目的ではありません。テクノロジーの進歩も手段であり、目的ではありません。目指すべきは「豊かな暮らし」なのです。

これからの企業には、バックキャスト思考で環境をはじめとするさまざまな制約を見極め、「制約を肯定する」ことと「豊かな暮らし」を両立するようなライフスタイルをとことん考え、発信することが求められているのではないでしょうか。そして自社の商品を「我が社が目指す豊かなライフスタイルを実現するツール」と位置付け、開発、販売していく。ライフスタイルの競い合いは、コスト競争、価格競争の消耗戦には陥りにくいといえます。これが、STEP3における新たな意味付け（新価値創出）をおこなうことにつながるのです。

多くの企業にとって、バックキャスト思考で描かれるビジネスシステムは大きな変革を強いるものになるかもしれません。これまでフォーキャスト思考で推し進めてきたビジネスを突然転換することはできない、という場合が多いでしょう。もちろん、それも構いません。ただ、従来の延長線とは別に、もう1本のレールを敷いておくべきではないでしょうか。バックキャスト思考で新たなライフスタイルを描き、そこへ向かう道を準備しておくことは、企業にとって、有効な長期戦略になりえるはずです。

経済学者シュンペーターは「**イノベーションは技術だけでは起こらない。技術の変化と社会の変化の両方から成る**」ということを書いています。バックキャスト思考は、そのための実践ツールとして活用することが可能です。

ライフスタイル・オリエンテッドの手がかりは「自然」と「地域」

地域活性化などの課題についてバックキャスト思考を進めていくと**「地産地消」**や**「集いの場」**といった概念が出てきます。

しかし、抽象的な概念だけでは、豊かな未来像は描けません。具体的なビジョンのないまま、予算を計上して箱物をつくって失敗した、という事例は日本中の至るところにあふれ返っています。重要なのは、STEP3の新価値創出です。つまり、制約と豊かに共存するライフスタイルを描くことです。

この手がかりとなるのは**「自然」**と**「地域」**です。「自然」の叡智(えいち)については、1章でも触れました。もう1つ重要な

豊岡の雪室（右）と雪室内に保存されているじゃがいも

のは、課題に関わる「地域」が持つ特性、とくに地域と人との関わり合いに注目することです。

その一例が**「雪室（ゆきむろ）」**です。科学技術振興機構（ＪＳＴ）による「未来の暮らし方を育む泉の創造」プロジェクトのモデル地域の1つとなった兵庫県豊岡市では、バックキャスト思考によるライフスタイルデザインと同時に、**「90歳ヒアリング」**を実施しました（詳しくは132ページ参照）。

このヒアリングで見つかったのが、雪室というアイデアでした。雪室は、冬の間に積もった雪を山にして、わらで覆ったものです。いわば食料を貯蔵する天然の冷蔵庫で、もちろん電気はつかいません。豊岡では、子どもたちの給食に地元産の野菜をつかうため、この雪室を活用することにしたのです。

雪室のメリットは電気使用量の削減だけではありません。野菜の糖度が高まり、鮮度も長期間維持されることで、新しい味を生み出すことにもつながりました。地域のライフスタイルを考えることで、新価値創出が実現したのです。

「雪室」という具体策が出てきたのは、その地域の自然と暮らしの関係についてお年寄りに学び、そこに持続可能で豊かなライフスタイルのヒントを見つけたからです。フォーキャスト思考（地域における制約を排除する）では、こうした解は出てきません。

ただし、バックキャスト思考でも、具体的な地域や暮らしをイメージしなければ、地域の環境に根ざした未来像は描けないことを覚えておいてください。

COLUMN

「本が売れない」という課題をバックキャスト思考で考えてみる

バックキャスト思考の実践トレーニングとして、「本がどんどん売れなくなっている。これから、どのような本をつくるべきか」という、現在多くの出版社が抱える課題について考えてみましょう。

本が売れない原因となっている（目に見える）制約

- 活字離れ
- 読者にとって、読みたい（面白い）本がない

シンプルクエスチョン

●活字離れ

（問い）なぜ、本などの活字媒体を読まないようになったのだろうか？
（答え）インターネットの発達で、手元のスマホで情報や知識を得られるようになったから
（問い）インターネット上の情報は、紙の本に比べ、信頼性の面で劣るのではないか？
（答え）たしかに劣る面があるが、利便性の高さがデメリットを上回る魅力になっている。信頼性については、情報へのリテラシーを高めることで対応している
（問い）印刷された活字のほうが、ディスプレイ上の文字よりも視認性が高く、読みやすく、理解しやすいのでは？
（答え）そういう説もあるが、慣れや習慣の面もあり、はっきり断言できない。ただ、実際に、電子書籍は期待されたほど普及していない

（問い）スマホの普及によって、以前は自分で記憶していた情報（電話番号、地図、スケジュール、各種必要情報など）を憶えない人が増えたのはデメリットではないか？

（答え）イチイチ記憶したり、メモを残すことを止め、必要に応じて、スマホやタブレットを参照するライフスタイルに移行している

（軸）脳の代わりにスマホなどのIT機器をつかう傾向が強まっている（脳の外在化）

●読みたい（面白い）本がない

（問い）どうして本を「面白い」と感じないのか？

（答え）音楽や動画などのコンテンツが手軽に楽しめるようになり、またSNSを利用する人が増えたことで、従来は本を読んでいた時間の多くが他のものに費やされるようになった

（問い） どうして、多くの本が「面白くない」と思われてしまうのか？

（答え） 本に対して求めるものが変わってきているのが一因。たとえば各種専門書や辞典類は、それに関わる分野の人は必ず備えていたが、現在はインターネットを参照すれば済むことが増えており、必須ではなくなっている

（問い） 本はエンターテインメントを楽しむだけではなく、新しい知識を得たり、自分の思索を深めるためのツールでもあった。今、その機能はどのように満たされているのか？

（答え） 知識を得るという面については、実用書はまだある程度売れているといわれているが、思索を深めるような重厚な内容にすると、いわゆる「難しい本」と敬遠されてしまう傾向が強まっている。そうした機能を求める人は少なくなっていると考えられる

（問い） マニュアル的で読みやすい実用書の機能は「答え」を得ることだと考えられる。この機能はインターネットで代用できるのではないか？

（答え） 実際、その傾向が強まっている

◀（軸）複雑な思考を避け、マニュアルや答えを求める傾向が強まっている（脳の外在化）

真の制約

脳の外在化が加速している

フォーキャスト思考（制約を排除する）

●解答例

- 文学作品について語り合う読書会を主催する
- 名著について勉強会をおこなう
- 一過性のわかりやすい面白さを高める（ゴシップ等）

ポール・マクリーンによる脳の3層構造仮説

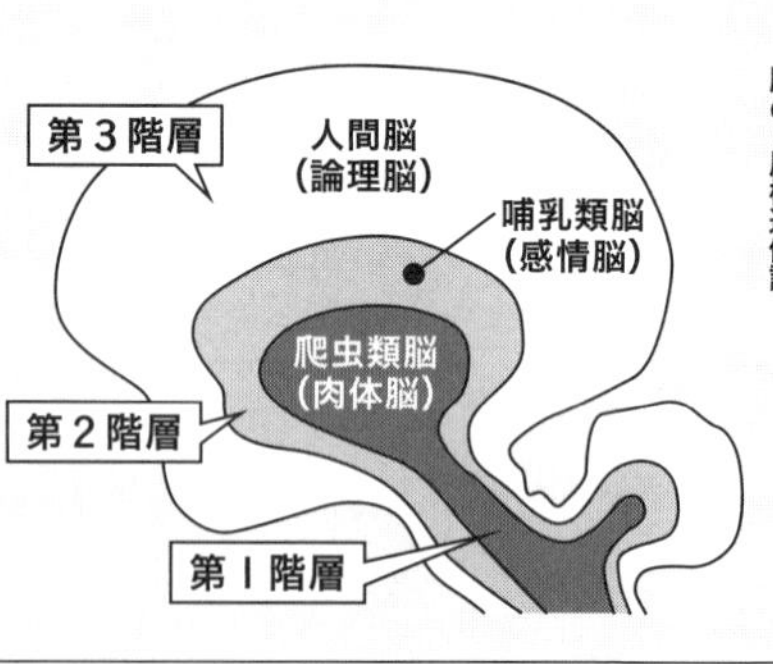

第１階層は爬虫類脳（肉体脳）＝脳幹と大脳基底核。基本的な生命維持機能を担い、爬虫類に特徴的なテリトリー防衛意識を司る。第2階層は哺乳類脳（感情脳）＝大脳辺縁系。本能的情動や感情、行動、種の保存や社会的活動を司る。第３階層は人間脳

バックキャスト思考（制約を受け入れる）

（論理脳）＝大脳新皮質の両半球（右脳・左脳）。言語能力や記憶・学習能力、創造的思考能力、空間把握能力などを司る。

●新たな意味付け（新価値創出）

ポール・マクリーンによる、脳には3つの階層があるという説に立つと、これまで本がアプローチしようとしていたのは脳の論理的な部分（第3階層、大脳新皮質）だったといえる。他の部分にアプローチできないか？

●解答例

・脳の論理的な部分（第3階層、大脳新皮質）だけではなく、感情や本能的な情動（第2階層、大脳辺縁系）との連携が図れるような書籍企画を考える。具体的には、第3階層で考えたことを第2階層で実行できるようにサポートする（思考と行動が連携するきっかけづくりになる）書籍の企画などなお、思考の流れをわかりやすくするため、このトレーニングでは、出版業に深く関連する、印刷、出版取次、書店と本の再販制度などについては考慮していません。実際のビジネスなどに応用する際には、これらとの競合関係やKFS分析をおこなってください。

そのうえで、さらにシンプルクエスチョンを繰り返し、制約をより深く掘り下げていくことで、もっと有効な解を得ることができるはずです。

3章

心豊かな未来を描き、実現のために今できることを考える

求められているのは「心」の豊かさを満たすライフスタイル（ライフスタイル社会受容性調査）

わたしたちは、これまでにバックキャスト思考を用いて5000を超える未来像を描いてきました。それは、つまり5000通り以上のライフスタイルを提案したということでもあります。いずれも、地球をとりまく環境制約など、非常に厳しい制約を受け入れたうえで、豊かな暮らしを可能にする2030年の暮らしの形です。

しかし、これらの未来像がいくら素晴らしく見えても、現実社会に受け入れられなければ意味がありません。そこで、社会受容性についての分析をおこないました。具体的には、わたしたちが描いた50のライフスタイルを1ユニットとして「どの程度受け入れたいと思うか」というアンケート調査を20代から60代の方々1000人へ繰り返し実施。その結果から、社会受容性の高いライフスタイルに含まれる因子を評価、統計処理しました。つまり、今、わたしたちの社会が潜在的に求めているライフスタイルに必要な要素を抽出しようとしたわけです。

　この調査分析では、もっとも求められている（＝優先度の高い）要素は「**利便性**」という結果になりました。これには「予想通りだな」と思われる人が多いかもしれません。しかし「**楽しみ**」「**自然**」がそれと同じくらいの優先度になっているのはどうでしょうか。さらにこれに続くのは「**自分成長**」「**清潔感**」「**社会と一体**」です。

　つまり、**未来のライフスタイルにこれらの要素をより多く取り入れることが社会受容性を高めることになる、**と考えられます。

　この結果から読み取れるのは、「利便性」というある意味、物理的な豊かさを求める一方で、

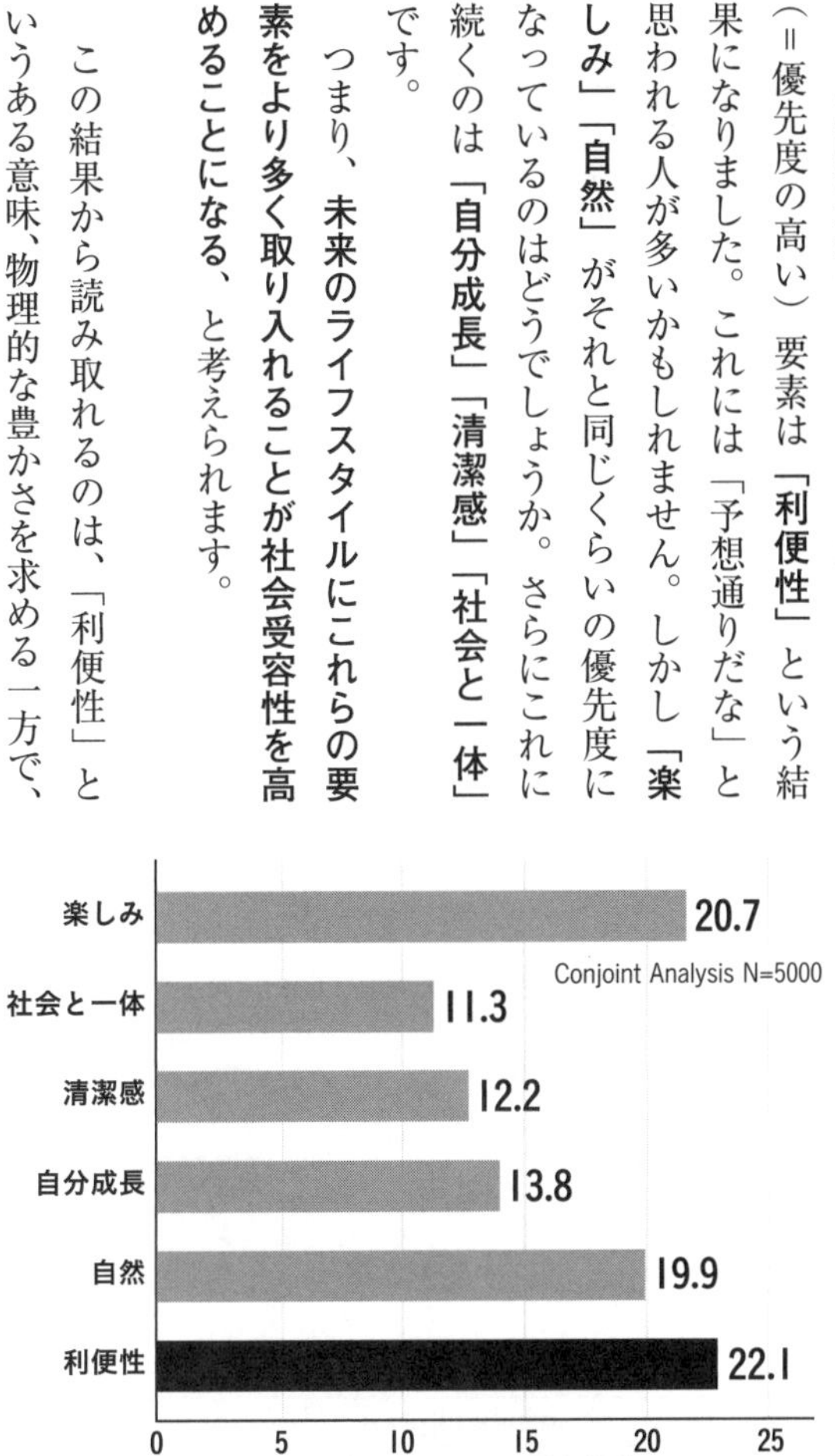

「楽しみ」「自然」「社会と一体」「自分成長」といった内面の豊かさを高める要素も数多く優先されているという現状です。

　これは決して、恣意的な解釈ではありません。日本の社会が「モノ」に対してのスタンスを変え始めているという兆候は、すでに1970年代後半から現れていました。内閣府の世論調査では、1979年以降から、**「物質的にある程度豊かになったので、これからは心の豊かさやゆとりのある生活をすることに重きをおきたい」**を選んだ人が**「まだまだ物質的な面で生活を豊かにすることに重きをおきたい」**を選ぶ人を上回り続けています。その後、両者の差はどんどん開いていき、2017年調査では「これからは心の豊かさ」との回答が62・6%、「まだ物

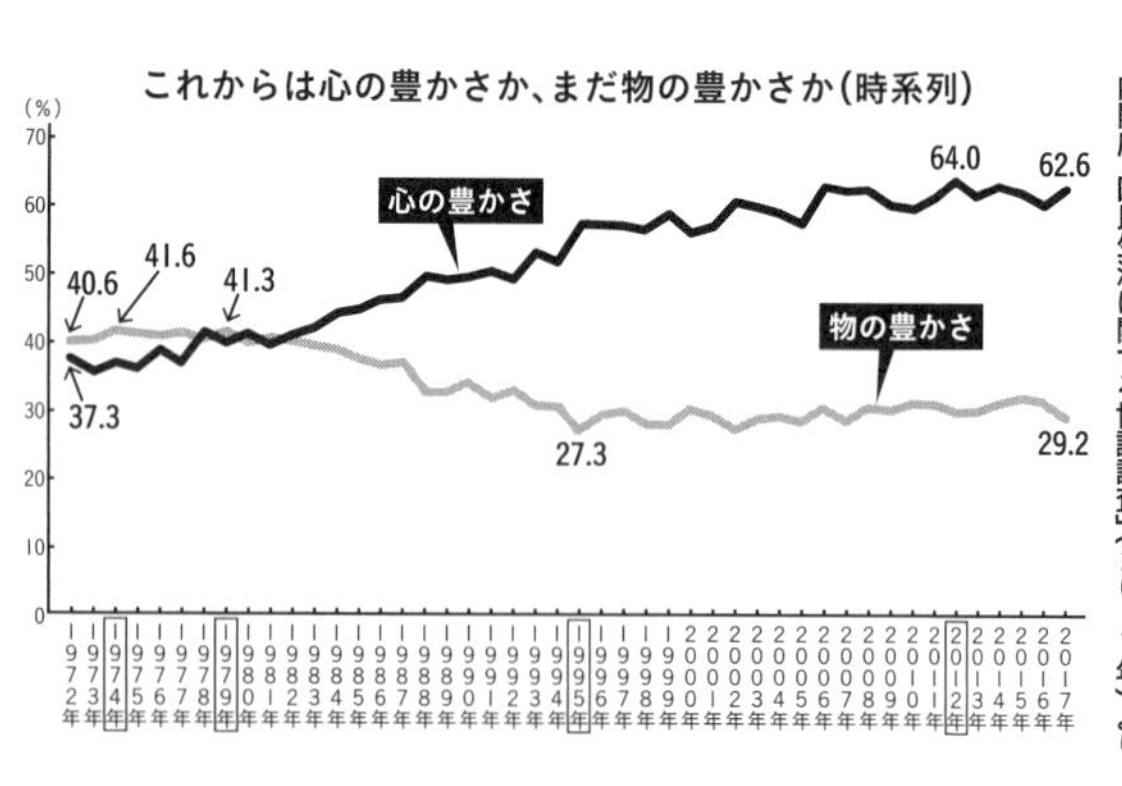

内閣府「国民生活に関する世論調査」（2017年）より

の豊かさ」が29・2％になっています。
この社会的な志向が急に反転するような要因は、少なくとも現在のところ見当たりません。つまり、わたしたちの社会が求めているのは、心の豊かさを高めるような要素（楽しみ、自然、社会と一体、自分成長など）を組み込んだ未来だと考えればよいでしょう。

もちろん、物の豊かさ（利便性など）を無視しても構わないというわけではありません。厳しい制約をきちんと受け入れながら、同時に利便性を維持したり、高めたりすることができればベストでしょう。そのための努力を続けることも大切です。

しかし、それだけでなく、**「不便」が常にネガティブなものとは限らないという面にも注目すべきです。**たとえばコーヒー好きな人は、便利なインスタントやコーヒー粉をつかわず、豆を自分で挽くことがあります。なかにはフライパンで焙煎をする人もいるようです。またコーヒーメーカーをつかわないで、自分でお湯を沸かし、じっくり蒸らしてから淹れる人も少なくありません。こうした人たちは、これらの手間を「不便」とは思っていないでしょう。むしろ「楽しみ」だと感じているはずです。これはライフスタイルによって、価値観が変化しているから起こることだといえます。

つまり**「不便」は、ライフスタイルによって、ポジティブな「楽しみ」に変えることも可能なのです。**これは価値創出の1つであり、「ガマン」とは異なります。バックキャスト思考で、ライフスタイル創出が重要となるのは、こうした側面もあるのです。

持続可能なライフスタイルをつくる「44の生活原理」（90歳ヒアリング）

ライフスタイルの潜在意識調査で優先度の高かった「自然」や「楽しみ」という要素は、その地域の自然や文化に根ざしたものです。そこでこの要素の具体的な形を明らかにするため、わたしたちはさまざまな地域で**「90歳ヒアリング」**をおこないました。年齢が90歳前後の方々にヒアリング調査をするもので、2008年から2018年までに全都道府県で計６００人近くの方々の声を集めています。

この世代が成人になったのは、第二次世界大戦の前後です。そして、環境負荷が現在のおよそ半分だった１９６０年代を、30〜40歳代の働き盛りとして過ごしました。これは、高度経済成長の準備ができ上がり、日本社会が急成長する前夜にあたります。つまり、彼らは「厳しい環境制約のなかで心豊かに生きる」ということを実際に経験してきた人たちなのです。

ご存知のように、わたしたちの暮らす現代社会は、１９７０年代の高度経済成長、バブルなどを経て、環境負荷の高いライフスタイルへと急速に移行しました。**90歳ヒアリングは、わたしたちが知らず知らずのうちに失った「低環境負荷で持続可能な暮らし方」のヒントを探すことだといえます。**

こうして始まった90歳ヒアリングでしたが、そこで得られた知見は、わたしたちの当初の予想を大きく越えるものでした。みなさんは、この年代の方々が「便利にはなったけど、今の人たちはかわいそうだね」「昔のほうが楽しかった」と語るのを聞いたことがあるかもしれません。もしかしたら「懐かしい思い出を美化したノスタルジックな感傷だろう」と思ったのではないでしょうか。しかし「これは感傷なのか、実感なのか」とシンプルクエスチョンのように問い続けながら、彼らの言葉に耳を傾け、丹念に分析を重ねた結果、そこには至宝の言葉が眠っていることがわかったのです。

たとえば、宮城県のある地域では、「**結い**」と呼ばれる、農作業を協力し合う互助組織がありました。その活動が、田植えのような重労働を効率的に分担し、コミュニティの維持に大きな役割を果たしていたわけです。別の地域では、各家庭に山の湧き水を引き込み、飲料用と洗い物用につかい分ける「**水舟**」というシステムがありました。これは水資源を大切につかう知恵だといえます。みそやしょうゆを互いに融通し合う習慣は、21世紀の今、注目を集めている「**シェア」エコノミー**の原型でした。

この調査の結果、得られたキーワードをまとめたものが、次の「**44の生活原理**」です。

日本の文化を創ってきた44の生活原理（90歳ヒアリングから得られたキーワード）

1　自然に寄り添って暮らす
2　自然を活かす知恵
3　山、川、海から得る食材
4　食の基本は自給自足
5　手間隙（てまひま）かけてつくる保存食
6　質素な毎日の食事
7　ハレの日はごちそう
8　野山で遊びほうける
9　水を巧みに利用する（水を使い分ける、水を確保する）
10　燃料は近くの山や林から
11　家の中心に火がある

12 自然物に手をあわせる
13 庭の木が暮らしを支える
14 暮らしを映す家のかたち
15 一年分を備蓄する
16 何でも手づくりする
17 直しながらていねいに使う
18 最後の最後まで使う
19 工夫を重ねる
20 身近に生きものがいる
21 暮らしの中に歌がある
22 助け合うしくみ
23 分け合う気持ち
24 つきあいの楽しみ
25 人をもてなす

26　出会いの場がある
27　祭りと市の楽しみ
28　行事を守る
29　身近な生と死
30　大勢で暮らす
31　家族を思いやる
32　みんなが役割を持つ
33　子どもも働く
34　ともに暮らしながら伝える
35　いくつもの生業を持つ
36　お金を介さないやりとり
37　町と村のつながり
38　小さな店、町場のにぎわい
39　振り売り、量り売り

40 どこまでも歩く
41 ささやかな贅沢
42 ちょっといい話
43 ちょうどいい塩梅（あんばい）
44 生かされて生きる

どの原理が見られるかは、地域によって異なります。ちなみに、沖永良部島での調査では、このうち29の原理が強く現れ、新たに「**45 家族をつくる**」という項目が見つかりました。

44の原理は、大まかに5つに分類できます。

・自然との関わり（自然を畏敬し、活かし、活かされることを楽しむ）

- **暮らしの形**（制約を受け入れ、厳しさもポジティブな楽しみに変える）
- **人との関わり**（コミュニティでモノや労働をシェアする）
- **仕事の形**（実践的な知恵を育て、伝える仕組み）
- **生と死の関わり**（生も死も自然の営みとして受け入れる）

これらのキーワードは、日本の文化を形づくってきた生活原理を集約したものだといえるでしょう。日本という風土の持つ自然の制約を受け入れ、環境負荷を高めずに、持続可能な生活を営む知恵そのものです。そして、これは、今、多くの人々が潜在的に望んでいる**「楽しみ」「自然」「社会と一体」「自分成長」**といった内面的な要素と驚くほど重なっています。

つまり、**この44の生活原理は、懐かしい過去の記録というだけではなく、未来のライフスタイルを考える種でもあるのです。**

しかし、いくら昔の暮らしが自然と共生した持続可能性に満ちたものだといっても、戦前のライフスタイルを現代のわたしたちがそのまま受け入れるのは難しいでしょう。

昔の暮らしを現代に持ち込めるか否かについての社会受容性に関しても複数の調査を実施しましたが、予想通り、かなり低いという結果が出てきます。そこには、**生活価値の不可逆性**（１４３ページ参照）、つまり「今さら昔の生活には戻れない」という価値観の壁があるのです。詳しく分析すると、現代人には「**新規性がある**」ことに価値をおく傾向があることもわかりました。

つまり、44の生活原理をヒントにして、「**自然**」「**楽しみ**」「**社会と一体**」「**自分成長**」という要素、さらに「**利便性**」や「**新規性**」を加えることが、社会受容性を高め、持続可能なライフスタイルを創造するコツになると考えられます。

この方法で発想したアイデアの一例が、仙台市で実施された「**地域共有電池**」です。「２０３０年には、各家庭の消費電力は小さくなり、家ごとに設置された太陽光パネルや小型風力発電機でおおむね満たされている。発電した電気は、通常、各棟ごとに電池（バッテリー）に蓄電され、適宜、使用します。しかし、旅行などで長期間留守にする場合は、発電した電気が余ってしまいます。この余剰分を各地域に設置された『共有電池』に自動的に貯まるようにしておき、曇りが続いたときや、電気が足りなくなったとき、地域の誰もが自由につかえるようにする」というライフスタイルです。

ヒントとなったのは、現地で実施した120人以上への90歳ヒアリングから出てきた、みそやしょうゆの貸し借り（**22　助け合うしくみ**、**36　お金を介さないやりとり**など）、そして洗濯や炊事のたびに会話がはずむ井戸端会議（**9　水を巧みに利用する**、**24　つきあいの楽しみ**など）です。そこに利便性、新規性を加え、「2030年のライフスタイルに必要なモノ」として提案しました。

ポイントは、電気を売買するのではなく、

2030年のライフスタイル例

「みんなのもの」という日本人が昔から持っていた文化的なおおらかさによって自然エネルギーをシェアするところです。その結果「個人のプライバシーを保つ」という現代のニーズを満たしつつ「助け合うコミュニティ」を実現できるのではないか、と考えています。

このように「90歳ヒアリング」は、未来の社会を創造するうえで必要となる知識（自然とともに生きる暮らし方の知恵、地域ならではの貴重な情報など）の宝庫です。喪失してしまう前に、できるだけ多く収集するべきだと考えています。

COLUMN

生活価値の不可逆性

90歳ヒアリングをしていると「電球の明かりがなくても楽しかった」「クーラーがなくても十分涼むことができた」といった話をたくさん聞くことができます。そこには制約をポジティブに転換するヒントが詰まっているのは間違いありません。

しかし、その一方で、昔の生活に戻ることはなかなか難しいのも事実です。なぜなら、人間には、一度得た利便性や快適性を容易には放棄できない性質、強い欲望があるからです。どうしても放棄しなくてはならないときは、悲しくなったり、激しいつらさを感じます。もしそんなことを誰かに強要されれば、激しい抵抗感を抱くでしょう。この構造を、わたしたちは「生活価値の不可逆性」と呼んでいます。

このことを再認識したのは、２０１１年の東日本大震災でした。

被災地周辺では、ガス、水道、電気といったインフラが長期間途絶え、それ以外のエリアでも一時的に物流システムが停止したことを憶えている方も多いでしょう。東京電力では電力の安定供給が難しくなり、計画停電も実施されました。こうした出来事を通じて「モノの大切さを改めて感じた」という人は、多かったのではないでしょうか。その思いは、決して軽いものではなかったはずです。

しかし、その後の行動はどうだったでしょうか。じつは、わたしたちの研究室では当時「モノの価値観」の変化を追っていました。東北電力管内での調査では、震災直後「モノを大事にしよう」という思いが強まり、価値観は一気に急上昇します。ところが、その状況は長くは続かず、震災後１００日程度で震災前と同じレベルまで戻ってしまったのです。しかも、その後はリバウンドのような形で、さらに低下し続けました。震災による心の傷が10年近く経った今も癒えていない人は少なくないと思います。しかし、その行動はたった１００日で元に戻ってしまったのです。

わたしたちは、90歳の方々はもちろん、江戸時代の暮らしからも、学ぶことができます。しかし、それは学ぶだけです。どれだけ彼らの話が魅力的だったとしても、そこに戻ることはできません。

この「生活価値の不可逆性」を肯定したうえで、厳しい制約のなかでもワクワクドキドキできる魅力的な解を導き出すことが大事なのです。

依存型と自立型、2つのライフスタイルを隔てる「間(ま)」にイノベーションのチャンスあり

日本の文化を創ってきた「44の生活原理」で描かれる昔のライフスタイルには、もう1つ「自立性が高い」という特徴があります。生活の基礎は自給自足にあり、それをコントロールするのは各個人と、それを取り巻くコミュニティです。一言でいえば**「自立型のライフスタイル」**と呼べるでしょう。

この視点から見ると、現代社会は**「依存型のライフスタイル」**になっているといえます。わたしたちはほぼすべての食料や水、燃料、衣服の調達を外部に依存しており、自給自足できるのは、もはやほんの一部に過ぎません。生活必需品に不具合が出たとき、自分でこれらを修理したり、補修する機会もかなり少なくなりました。むしろ「壊れたら、新品に交換する」ほうが消費者、生産者双方にとって効率的である仕組みが増えてきています。これはライフスタイルの外部化とも呼べる現象でしょう。

もちろん、自立型、依存型のライフスタイルにはそれぞれメリット、デメリットがあり、どちらが「優れている」「劣っている」と判断できるものではありません。しかし、ここまで見てきたように、わたしたち日本人が今、望んでいるのは**「心豊かな自立型のライフスタイル」**だったはずです。その傾向は１９８０年代に現れ、どんどん強まっています。

ところが、新たに市場に投入される商品やサービスの大半は「手間いらず」「誰でもできる」ことに価値がおかれており、「依存型」「ライフスタイルの外部化」をさらに進行させるようなものばかりです。

なぜ、このような矛盾した状態になっているのでしょう?

その原因の１つに、「依存型」から「自立型」への移行が簡単ではない、というわたしたちの認識があります。

近年、各種メディアで**「田舎暮らし」「スローライフ」**といったライフスタイルを実践している人たちが紹介されることが増えていますが、その多くが、完全な自給自足やセルフビルドの手づくり住宅といった極端な事例です。

整備された都会で、利便性に満ちた生活に浸かってきたわたしたちが突然、そんなことを実践できるはずもありません。憧れのような気持ちを抱きながらも、「ハードルが高すぎて、自分には無理だな」「よほどお金や時間、体力に余裕がなければやれないな」と感じるのが関の山でしょう。多くの企業も同様に考え、より快適性や利便性を高める、依存型のテクノロジーやサービスを進化させている面があるのではないでしょうか。

しかし「依存型ライフスタイル」と「自立型ライフスタイル」は、絶対に相容れない関係にあるわけではありません。両者は深い谷で断絶されているのではなく、緩やかにつらなる、中間的な部分をもって、つながっています。自分で家を建てるのは無理でも、のこぎりのつかい方、クギの打ち方を学びながら、気に入る本棚をつくったり、修理をすることならできる人は多いでしょう。

自給自足は無理でも、バジルやミント、シソといった好きなハーブ類をプランターで育て、日々の食卓に利用している人もたくさんいます。これは、現在の依存型ライフスタイルと自立型ライフスタイルの「間(ま)」に存在するライフスタイルの実践だといえるはずです。

今の企業に欠けているのは、この**「間を埋める」**という視点ではないでしょうか。

現在、世の中に出回っている多くの**「便利で快適な商品・サービス」**は、下図でいえば、わたしたちを左側へと誘導するものばかりです。たとえばブレーキを踏まなくても止まるクルマ。「○○して」と一言呼びかけるだけで完璧に作業をこなす全自動家電。こうしたテクノロジーが究極に進化した形は、すべてを外部に依存する**完全介護型のライフスタイル**なのかもしれません。しかし、それではメーカーやサービス業の開発担当者たちは「注文を間違えている料理店」になってしまうのではないでしょうか？

なぜ、人はあえて制約を求めるのか？

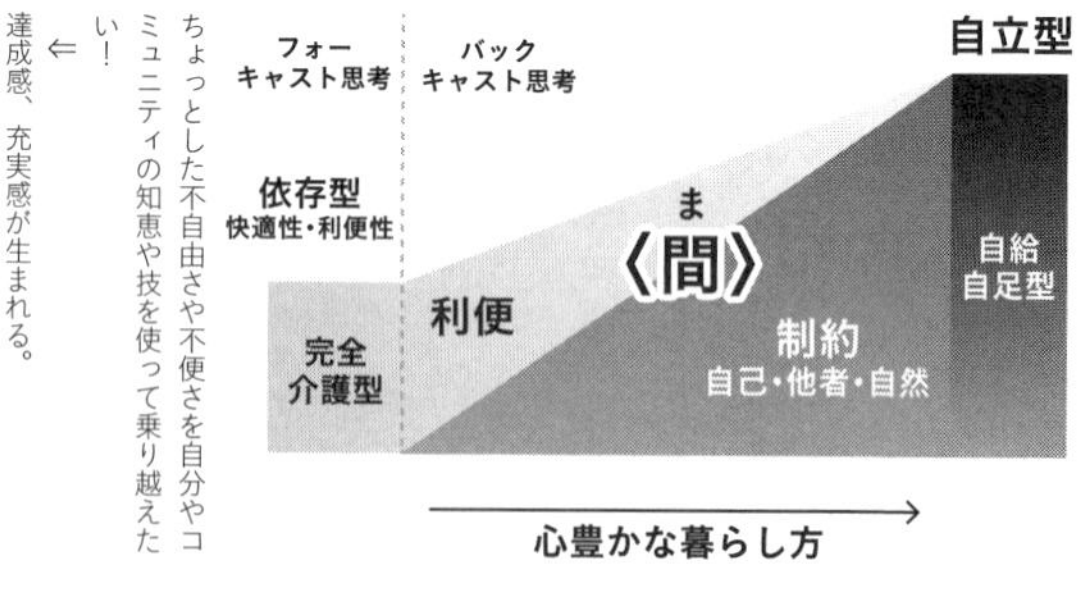

自立型
自給自足型
制約
自己・他者・自然
ま
〈間〉
利便
バック
キャスト思考
フォー
キャスト思考
依存型
快適性・利便性
完全
介護型
心豊かな暮らし方 →

ちょっとした不自由さや不便さを自分やコミュニティの知恵や技を使って乗り越えたい！
⇐
達成感、充実感が生まれる。

もちろん利便性は否定されるべきものではありません。しかし、わたしたちは本当にそんな社会で暮らしたいと願っているのでしょうか。そして、なにより、エネルギー問題などの環境制約をきちんと受け入れると、こうしたテクノロジーの持続可能性には巨大な疑問符がつくはずです。

そう考えると、この**「間を埋めるビジネス」には、大きなチャンスが眠っているといえます。**完璧な自給自足を可能にするツールを開発する必要はありません。今、求められているのは、自立型のライフタイルが確立されている未来の姿を想定し、その未来に至るまでの社会のなかで必要となる商品やサービスを開発することです。これは、従来のエコ商材や、効率化とはまったく違うアプローチになるでしょう。

このジャンルは、まだほとんど手つかずの状態です。バックキャスト思考を用いて、意識的にここを埋めれば、まさにイノベーションになる可能性を秘めています。

COLUMN

間を埋めるポイントは、「ちょっとした」不便さ

依存型ライフスタイルから自立型ライフスタイルに向かって「間」を埋めようとするときに障害となるのが、不便さや不自由さです。不便さや不自由さが大きくなるほど、その行動をとるのが嫌になり、投げ出してしまう人が増えていきます。わたしたちが重視している利便性や快適性の対極の状態ですから、そうなるのは当然だともいえるでしょう。

ところが、「ちょっとした」不便や不自由の場合は、様相が異なります。ちょっとした不便や不自由を、その個人、またはコミュニティの知恵や力で乗り越えると、その充実感が愛着に変わり、その不便さがむしろ楽しみになってしまうことがあるのです。

みなさんのご家庭には、ちょっとした不具合のあるモノはないでしょうか。たとえば欠けた部分を自分なりに修理したお皿、バランスが悪くて足の下に詰め物をし

ているテーブル、冬になるとエンジンがなかなかかからない自動車など、こうした不便なモノに対して、いつの間にか愛着を抱いているのは、この「ちょっとした」不具合があるからなのです。

もちろん、著しく不便だったり、不自由度が大きすぎれば、こうしたことは起こりません。ポイントは「ちょっとした」の部分です。こうした不便さを積み重ねると、わたしたちはもっと高いハードルも乗り越えられるようになります。間を埋めるビジネスを考える際には、この視点を取り入れるのがよいでしょう。

フォーキャスト思考の方法論で、バックキャスト思考を実践するツール「予兆」

依存型ライフスタイルと自立型ライフスタイル、その間がすっぽりと抜け落ちている今の状態をわたしたちは「間抜け」と名付け、研究対象としてきました。いわば**「間抜けの研究」**です。

現在の日本では、多くのテクノロジーやサービスが利便性ばかりを追い求め、依存型の暮らしをむしろ煽っているのが実情です。その一方で、多くの人たちが価値を認め、望んでいるはずの自立型の暮らしは、「自給自足」に代表されるハードルの高いものとなっています。このままの状態が続けば、わたしたちは外部に依存するライフスタイルにさらに慣らされてしまい、自立型への移行はますます難しいものとなってしまうでしょう。そう考えると、今わたしたちの社会が必要としているのは、依存型から自立型のあいだにある「間」を埋め、自立型へと誘導するようなテクノロジーやサービスなのは明らかです。

では、2つのライフスタイルの「間」を埋めるテクノロジー、サービスを開発するためには、どんな要素が必要なのでしょうか。もし、それを見つけることができれば、各種ビジネスはもちろん、行政の政策決定にも用いることができます。

そのために注目したのが「予兆」です。つまり、**来るべき未来の自立型ライフスタイルの前触れ・兆しを探し、その特徴を分析して、今後の指針（ガイド）にしよう**というわけです。具体的には、現在起こっている社会トレンドを集め、それらのうちで「間」を埋める役割を果たしているものを抽出。そのトレンドがどのような要素によって社会に受け入れられているのかを分析しました。この研究のために2016年、東北大学、東京工業大学、科学技術振興機構（JST）および、さまざまな業界の企業14社とともに立ち上げたのが「**予兆研究会**」です。

「予兆」という手法を活用すると、フォーキャスト思考しかつかえなくても「間」を垣間見ることができます。新しいビジネスの宝庫である「間」を埋めるためには、本来、バックキャスト思考が必要でした。しかし、バックキャスト思考を正しく実践することはなかなか難しく、多くの企業や組織が、これまでこの宝庫を手付かずのまま放置してきました。このように予兆を研究し、ツール化することは、より多くの人たちに間を見つけ、埋めてもらおうという試みでもあるのです。

実際に予兆を抽出するにあたって注意したのは、一過性のトレンドを取り除くことでした。こうしたトレンドは、未来のライフスタイルに至る「間」を埋める予兆にはなりえません。研究会では、この見極めの基準として、2つの条件を設定しました。

- **そのトレンドが地球環境問題（受け入れるべき重要な制約）に起因していること**
- **そのトレンドが心の豊かさを生み出そう（「日本の文化を創ってきた44の生活原理」のいくつかを満たそう）としていること**

この2つの条件を同時に満たすトレンドが「予兆」です。

たとえば、DIYというトレンドを考えてみましょう。Do It Yourself（ドゥ イット ユアセルフ）の略語であるDIYは、自分でモノをつくったり、修理をすることとして、日本でもブームが続いています。これを条件に当てはめてみましょう。

地球環境視点で見ると、ＤＩＹは、大量生産・大量消費に伴う資源やエネルギーの消費を小さくしようとする試みだといえます。「44の生活原理」と比較すると、**「16　何でも手づくりする」「17　直しながらていねいに使う」「19　工夫を重ねる」**という要素（生活価値要素）を補完するものだと考えられるでしょう。

自然にある素材を用いるものには**「2　自然を活かす知恵」**という要素もあります。また、数人で協力し合うような規模の大きなＤＩＹは**「22　助け合うしくみ」「24　つきあいの楽しみ」**といった要素も満たすといえます。以上のことから、ＤＩＹは予兆の１つと判断できるのです。

この研究会では、まず10のカテゴリー（農業、漁業、工業、日用品、食、住宅、まちづくり、地域づくり、サービス、自然）について、１４５の予兆を見つけ出し、分析をおこないました。

予兆として取り上げたものの一例を紹介しておきましょう。

予兆例1　オフィス製紙機　PaperLab（エプソン）

水をほとんどつかわず、オフィス内で使用済みの紙から新しい紙を生産できるシステム

（補完している生活価値要素）

16　何でも手づくりする

18　最後の最後まで使う

23　分け合う気持ち

32　みんなが役割を持つ

予兆例2　バイオガス施設　南三陸BIO（ビオ）（アミタ）

住宅や店舗から出るゴミを、自分たちで分別し、得

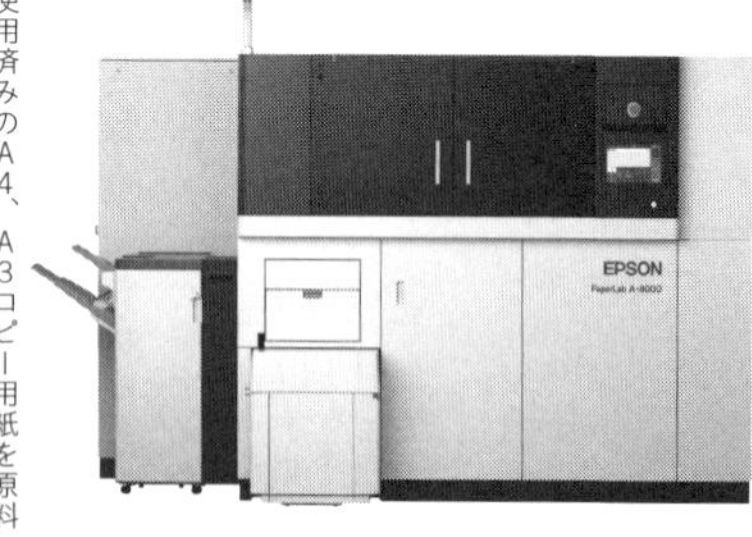

PaperLab（エプソン）

使用済みのA4、A3コピー用紙を原料として、文書情報を完全に抹消したうえで、新しい紙を生産できる世界初のオフィス製紙機。水をほとんど使わずに60分で約720枚の紙を生産。紙の購入量と古紙の回収に必要な輸送量を減らすことができ、CO_2排出量を削減。セキュリティ強化と環境負荷の低減に貢献する。

られた有機系廃棄物（生ゴミ、し尿、汚泥）を発酵処理し、バイオガスと液体肥料を生成する施設。ガスは発電に、液肥は肥料として活用するシステム
（補完している生活価値要素）
2　自然を活かす知恵
10　燃料は近くの山や林から
18　最後の最後まで使う
22　助け合うしくみ
23　分け合う気持ち
32　みんなが役割を持つ

南三陸BIO（アミタ）

南三陸町の有機系廃棄物を資源化する包括的資源循環モデルの要。アミタは、2015年10月に資源・エネルギーの地域内循環を担う拠点としてバイオガス施設「南三陸BIO」を開所。官民連携（PPP）スキームでのバイオガス事業を本格的に開始した。

予兆例3　ラ コリーナ近江八幡（たねやグループ）

山、丘、森、小川などの自然環境を活用し、農作物の生産から菓子の製造、販売、運営まで持続的におこなう新しい拠点づくり

（補完している生活価値要素）

1　自然に寄り添って暮らす
2　自然を活かす知恵
3　山、川、海から得る食材
4　食の基本は自給自足
16　何でも手づくりする
19　工夫を重ねる
25　人をもてなす
26　出会いの場がある

ラ コリーナ近江八幡（たねやグループ）

和菓子の「たねや」、洋菓子の「CLUB HARIE」を展開するたねやグループが、自然豊かな創業の地・近江八幡で2015年にスタートさせたフラッグシップ店。建築家・藤森照信氏によるユニークなデザインのメインショップ（写真）をはじめ、田んぼや畑、本社、カフェなどが3万5000坪の敷地に。

145件10カテゴリーの予兆分析結果

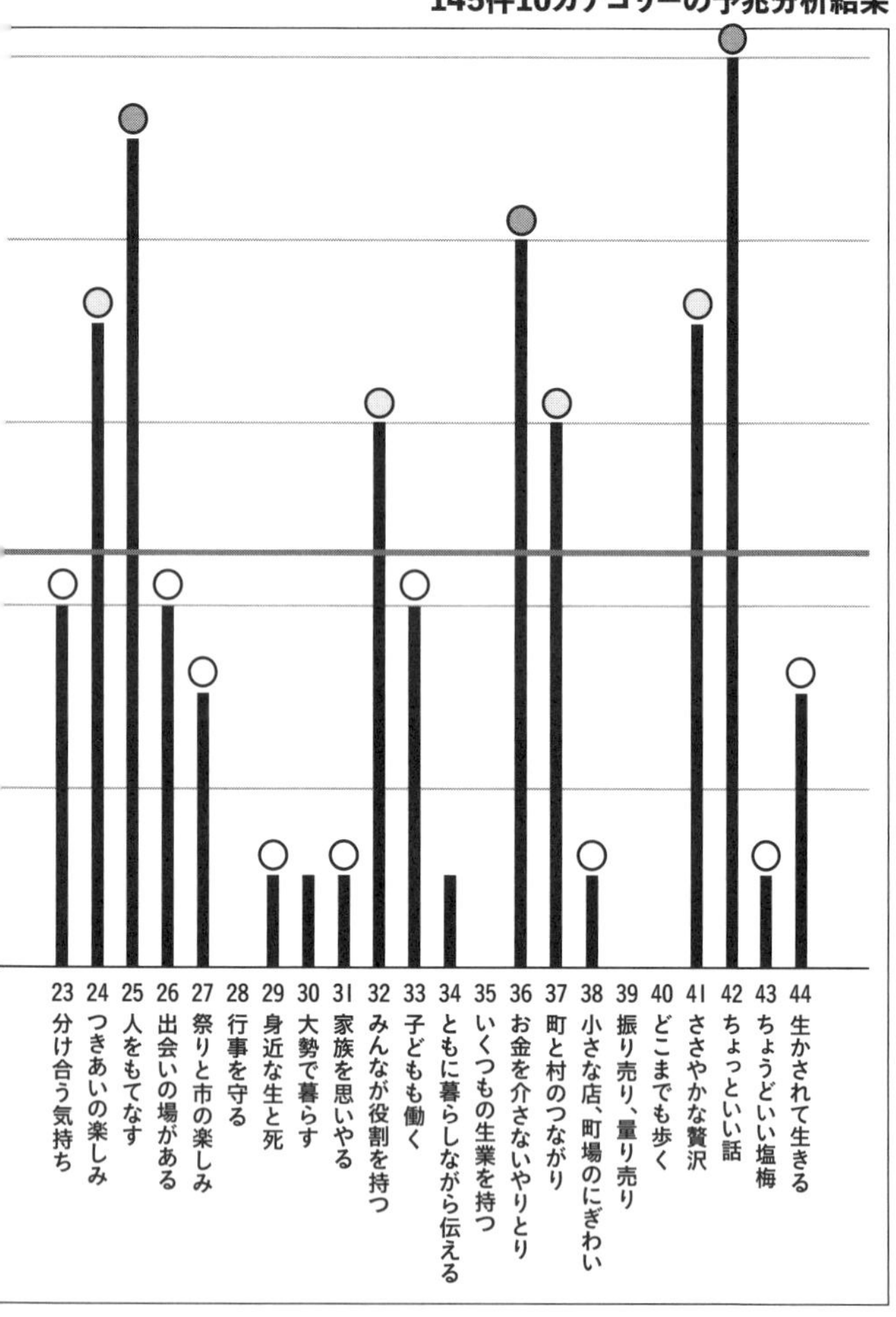

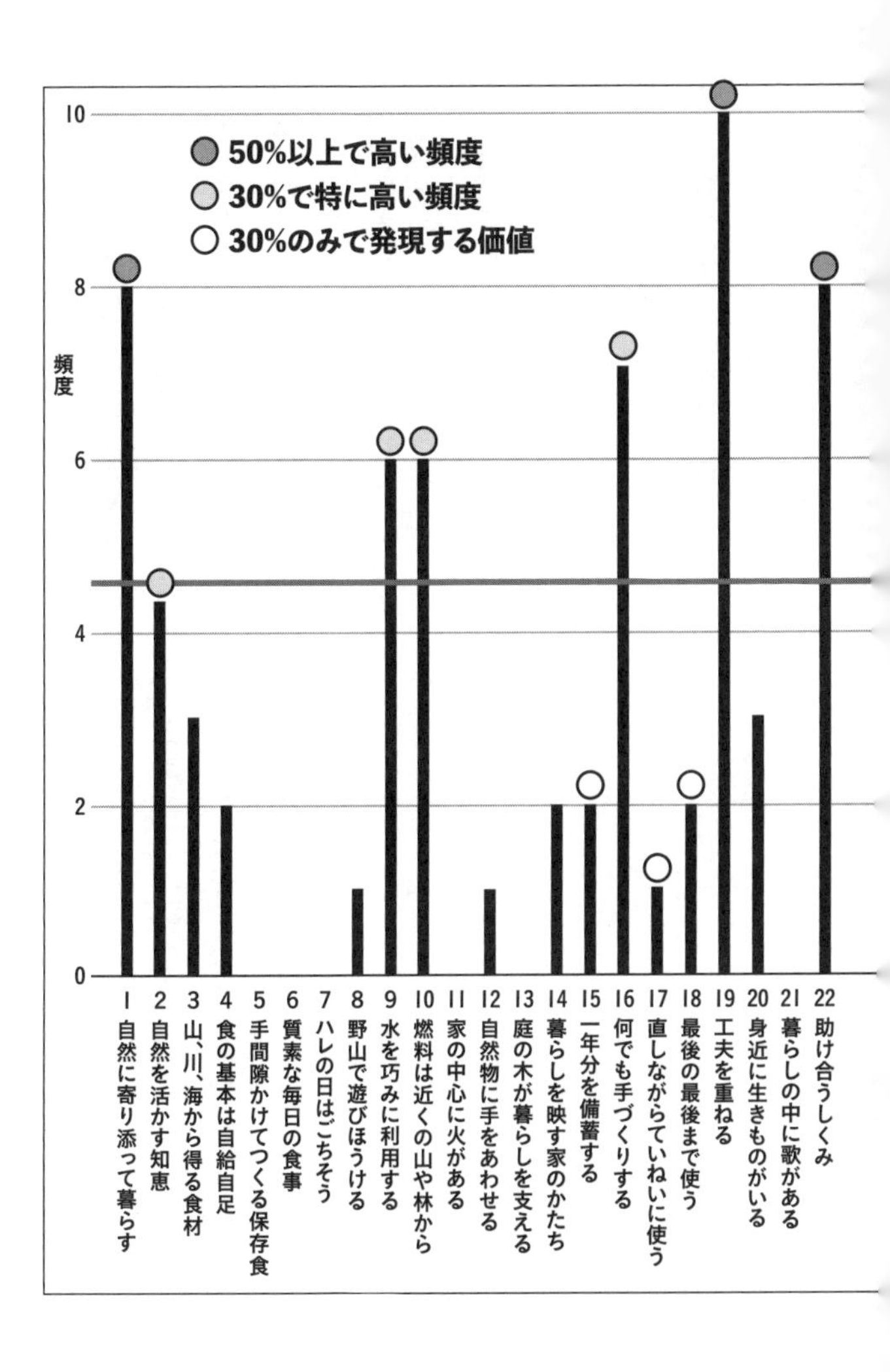
50%以上で高い頻度
30%で特に高い頻度
30%のみで発現する価値
頻度
0
2
4
6
8
10
1 自然に寄り添って暮らす
2 自然を活かす知恵
3 山、川、海から得る食材
4 食の基本は自給自足
5 手間隙かけてつくる保存食
6 質素な毎日の食事
7 ハレの日はごちそう
8 野山で遊びほうける
9 水を巧みに利用する
10 燃料は近くの山や林から
11 家の中心に火がある
12 自然物に手をあわせる
13 庭の木が暮らしを支える
14 暮らしを映す家のかたち
15 一年分を備蓄する
16 何でも手づくりする
17 直しながらていねいに使う
18 最後の最後まで使う
19 工夫を重ねる
20 身近に生きものがいる
21 暮らしの中に歌がある
22 助け合うしくみ

その他、遠隔農業（生産者と消費者をインターネットなどで結ぶ試み）、レンタル・シェア農園、二拠点居住、手編みのクラッチバッグ、子ども食堂・地域食堂、シェアリングエコノミーサービスなどについても分析しています。

その結果、予兆を構成する生活価値要素は44個のうちのいくつかに集中していることがわかりました（160、161ページ参照）。

とくに顕著に現れたのは、6つの要素です。

1　自然に寄り添って暮らす

19　工夫を重ねる

22　助け合うしくみ

25　人をもてなす

36　お金を介さないやりとり

42　ちょっといい話

これらは分析した予兆において、50％以上の頻度で現れていました。これに次いで頻度が高かった（30％以上）のは次の8要素です。

2　自然を活かす知恵
9　水を巧みに利用する
10　燃料は近くの山や林から
16　何でも手づくりする
24　つきあいの楽しみ
32　みんなが役割を持つ
37　町と村のつながり
41　ささやかな贅沢

これら6つの要素（または14の要素）がビジネスに加わっていれば、現在の社会に受け入れられやすい形で、間を埋める役割を果たす可能性が高いと考えることができます。

つまり、これらの生活構成要素は、自然に自立型の社会に向かう新しいテクノロジーやサービス、政策を設計する手がかりになるのです。

たとえば、観光業であれば、

1　自然に寄り添って暮らす
2　自然を活かす知恵
9　水を巧みに利用する
10　燃料は近くの山や林から

の4つを組み合わせれば、魅力的な自然派ツアーを企画することができます。

サバイバルの要素を高めたければ、

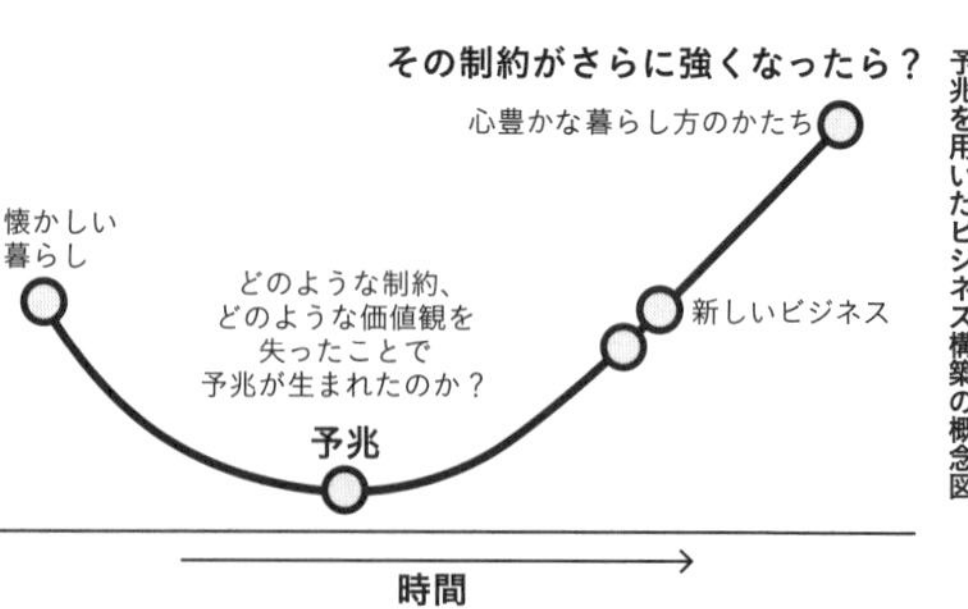

予兆を用いたビジネス構築の概念図

16　何でも手づくりする

19　工夫を重ねる

あたりを足すといいでしょう。
ローカルで、住民の暮らしに溶け込んだ子ども向けの体験ならば、

1　自然に寄り添って暮らす

2　自然を活かす知恵

24　つきあいの楽しみ

25　人をもてなす

この4要素の組み合わせが考えられます。これを企業研修にするのなら、

22　助け合うしくみ

といった要素を組み込むようにするわけです。

もちろんイチから企画する場合だけでなく、現在のビジネスに足りない要素、不要な要素を検討する作業にも用いることができるでしょう。

さきほども解説したように、予兆という手法（予兆を頼りに生活構成要素を見つけ、組み合わせて必要なビジネスを設計する方法）は、フォーキャスト思考の手順で、間を垣間見られるのが大きな特徴です。そこから得られる解も、バックキャスト思考を用いた場合にかなり近い結果が得られます。

ただし、可能であれば、バックキャスト思考でも同時に検討するのがベストです。その場合は、真の制約を洗い出し、その制約を受け入れた自立型ライフスタイルが実現している未来像を描きます。そして、自分たちが開発しようとしている商品やサービスが、その社会に向かうものになっているのかを考えてみてください。

なお、間を埋めるビジネスは、現在の企業や組織が手がけている多くのビジネス（依存型志向）とは、まったく逆の方向（自立型志向）に向かうものです。とはいえ、現行のビジネスを真っ向から否定するようなものを手がけるのは、現実的ではありません。まずは、間を埋めるような新機能を、現在のビジネスに付加するところから始めるのがよいでしょう。

4章

自然をヒントに 持続可能な解を得るアプローチ 「ネイチャー・テクノロジー」

自然を手がかりに、地下資源型テクノロジーを未来の社会に最適化する

現在、わたしたちの暮らしを支えているテクノロジーのほとんどは、地下資源（石油、石炭、ウランなど）に依存したものです。地下資源型テクノロジーは、人類に産業革命をもたらし、その後の発展の原動力となってきました。

しかし、今後はどうでしょうか。地下資源の枯渇など、すでに予測されている深刻な環境制約を素直に受け入れるなら、少なくとも、これまでと同じ発想・方法で進歩させていくことはできない、そうするべきではないと考えるのが当然だと思います。

21世紀初頭を生きるわたしたちがやらなくてはいけないのは、この困難な状況を直視したうえで、心豊かな未来像を描くことです。本書では、その鍵となるのはライフスタイルの再構築だと論じてきました。そして、そこから解を得るための鍵が、**テクノロジーのリ・デザイン**です。地下資源型テクノロジーは、すでに現代社会に最適化（デザイン）されているといってもいいでしょう。それを、バックキャストの視点から再度、最適化

し直す（リ・デザイン）のです。そのために始めたのが**「ネイチャー・テクノロジー」**という試みです。

ライフスタイルデザイン　バックキャスト思考を用いて、厳しい制約のなかで心豊かに暮らせる未来のライフスタイルを描く（「間（ま）」を埋めている予兆を探し、フォーキャスト思考である程度のイメージを得る方法もある）

◆

テクノロジーの抽出　そのライフスタイルに必要なテクノロジーの要素を抽出する

◆

自然に学ぶ　抽出したテクノロジー開発に必要な技術要素を、自然のなかから探す

◆

モノつくり　地球にもっとも負荷をかけないテクノロジーとしてリ・デザインする

（Nature Technology）

モノつくり

**地球にもっとも負荷のかからない
テクノロジーとしてリ・デザインする**

自然から学んだ知恵から、
低環境負荷・高機能な材料をつくり出します

水のいらないお風呂

土のエアコン

自然に学ぶ

**2030年に必要なテクノロジーを
自然の循環のなかから見つけ出す**

抽出したテクノロジーに必要な技術要素を、
自然のなかに探します

ネイチャー・テクノロジーの概念図

ライフスタイルデザイン

2030年の厳しい環境制約のなかで心豊かに暮らせる生活のシーンを考える

バックキャスト思考をつかって
心豊かに暮らせるライフスタイルを考えます

テクノロジーの抽出

暮らしのシーンを構成するテクノロジー要素を抽出

2030年の暮らしを描いた絵から、
創らなければいけないテクノロジーを抽出します

自然は、今、必要とされる持続可能性、低環境負荷、高機能に満ちている

なぜ、**テクノロジーの未来**が、**自然にあるといえる**のでしょうか。

理由はたくさんありますが、もっとも大きなものは、**持続可能性**です。

この地球上に存在する自然、とくに生命には、約38億年もの長きにわたって、厳しい環境のなかでも持続発展してきたという実績があります。人類はまだ、これほど長く維持できる循環型のシステムを構築できていません。自然は、サステナビリティの大先輩なのです。

2つめの理由は、**環境負荷の低さ**です。

自然界に存在する動植物は、ほんの少しの原料を、最小のエネルギーで処理し、最大の効果を発揮する仕組みを築いています。また、多少の不純物、欠陥があっても、それを許容して機能するのも特徴です。効率、環境負荷という点でも、人類のテクノロジーはまだ遠く及びません。

3つめの理由は、**機能性の高さ**です。

自然界には、最大の効率を生み出す「かたち」を持ったものが数多くあります。どこにでもある、無害な素材や元素を巧みに組み合わせ、成形することで、こうした高い機能を生み出しているのです。

もう1つ理由をあげるとすれば、**人間との親和性の高さ**です。

詳しいメカニズムには諸説あるものの、人間は、自然に触れることで、ストレスが軽減され、高いパフォーマンスを発揮できることがわかっています。

つまり、自然は、現在のテクノロジーを、来るべき未来のライフスタイルに適合させるための教科書なのです。

自然を教科書にして生まれた新しいテクノロジーは、すでに実用化されたもの、研究や開発が進んでいるものがたくさんあります。本書でここまでに紹介した「水のいらないお風呂」「土のエアコン」はそのほんの一例に過ぎません。

ネイチャー・テクノロジーは、バックキャスト思考で描く未来を実現するためのテク

ノロジーであり、これからのモノつくりの指針となるものです。その姿をイメージしやすくするため、これまでのネイチャー・テクノロジーの実例をこの章でご紹介します。

トンボに学ぶ 微風で回転し、台風でも壊れない小型風力発電機

トンボは生物のなかでも、もっとも低速で滑空できる生き物として知られています。その秘密は、羽のギザギザの凹凸にありました。一見すると空気抵抗が増すだけのようにも見えますが、じつはこの絶妙な形状によって、空気の渦が生じることがわかっています。この渦がボールベアリングのような役割をし、外側の空気をベルトコンベアに載せるように、後方へとスムーズに流していきます。つまり、ほんのかすかな風でも浮力に変えることができるようになっているのです。

それだけではありません。強い風が吹いているときも、同じくらいの揚力（上向きに

働く力）を得られる構造になっています。

この特性は、風力発電に非常に有利です。

実際に、トンボの羽をモデルにしたトンボ風車でテストをおこなうと、秒速1メートルの風速で回り始め、秒速10メートルを超えるあたりから回転数が一定になりました。さらに秒速40メートルまで風速を上げても壊れないことが確認できました。これは風圧が高まると、羽（ペットボトルと同じ素材）がなびき、空

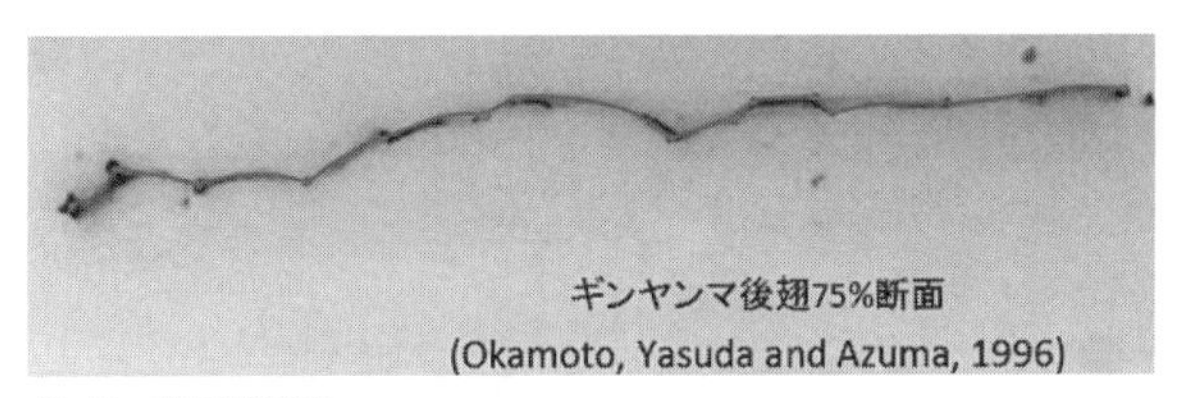

ギンヤンマ後翅75％断面

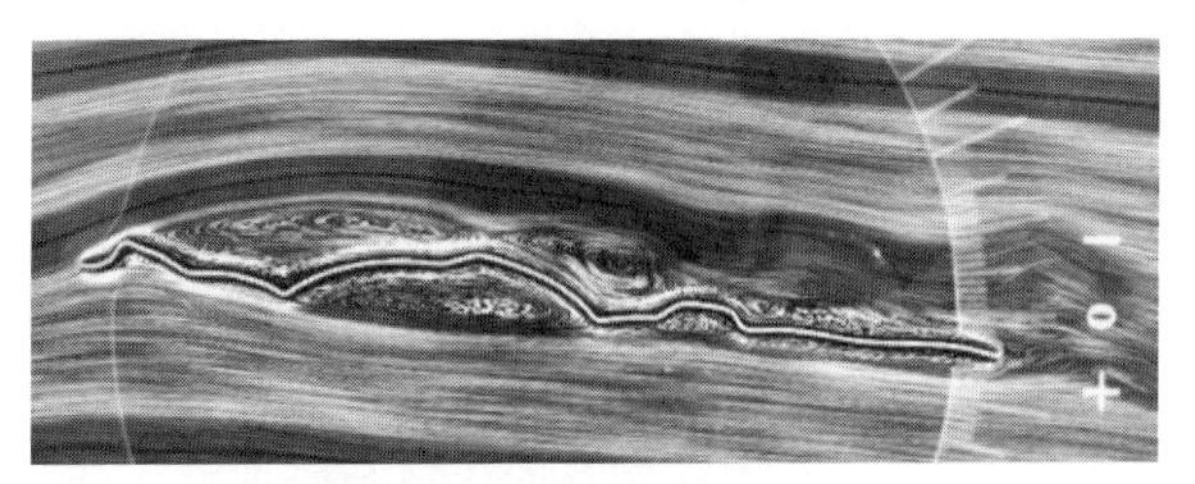

トンボの羽の断面は凸凹しているが、低速（微風）で滑空するときには凸凹の間で小さな空気の渦がつながりベルトコンベアのように外側の空気を滑らかに後方へ流す。（写真上下2点提供：日本文理大学名誉教授・小幡章先生）

気抵抗が高まらないという、トンボの羽ならではの性質です。

つまり、このメカニズムを応用すれば、微風でも回転し、回転数を制御する必要がなく、長時間発電することが可能な小型風力発電機がつくれるのです。

1m径風車の屋外設置実験

（写真提供：日本文理大学名誉教授・小幡章先生）

蚊に学ぶ 痛くない注射針

蚊に刺されたとき、人間は痛みをほとんど感じません。多くの場合はかゆみを感じて、初めて気づきます。

これは、蚊の唾液に麻酔成分があること、そして針の細さ（60マイクロメートル＝痛みを感じる痛点を避けられる細さ）、さらにその構造と刺し込み方に秘密がありました。蚊には、ストローのような筒状の針だけでなく、ノコギリの歯のような形状の針が複数あり、後者が上下に振動して皮膚を切り裂くことで、接触面積を小さくし、血を吸われている動物に痛みを感じさせないようにしていたのです（180ページ下図参照）。

この仕組みを再現した無痛注射針は、すでに製品化されています。たとえば、株式会社ライトニックス（兵庫県西宮市）が開発した植物樹脂製注射針は、2012年に発売を開始。2017年には第29回「中小企業優秀新技術・新製品賞 優良賞」を受賞し、海外でも販売実績を伸ばしています。

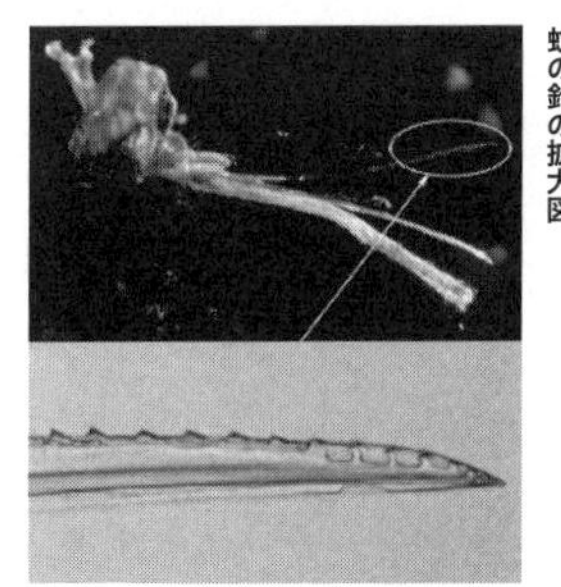
蚊の針の拡大図

クモの糸に学ぶ

手術用の縫合糸、超軽量・高強度繊維

クモの糸はセリシン（20〜30％）、フィブロイン（70〜80％）という2種類のタンパク質からなる繊維です。セリシンには細胞の分裂を促進する作用があり、フィブロインには菌の繁殖を制御する作用（制菌作用）があることがわかっています。

この性質に注目して実用化されたものの1つが、手術用の縫合糸です。わたしたちの身体もタンパク質でできていますから、従来の糸よりも人体に馴染みやすいのです。この縫合糸はすでに実用化されています。

また、人工皮膚の移植、傷口の保護といった、生体医療の現場での活用も研究が進められています。

蚊が皮膚を刺す仕組み

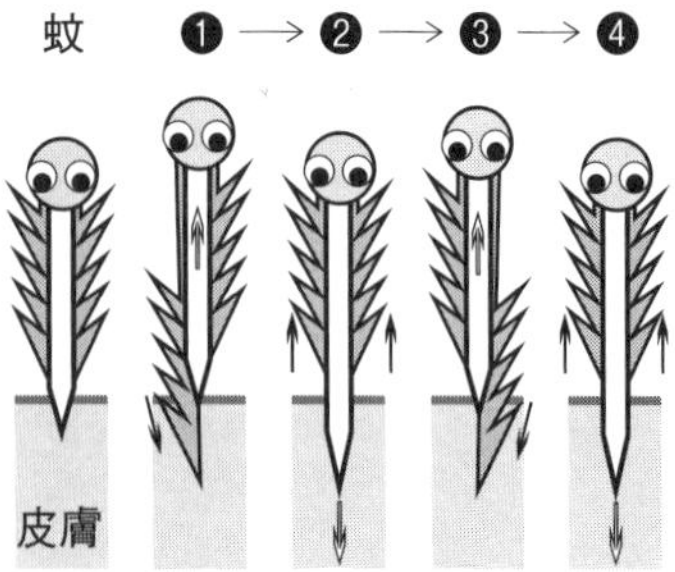

それ以外にも、クモの糸には、細くて軽いのに、非常に強度が高く、伸縮性もある、という特性があります。素材の強度を示す指標である「破断応力」でいうと、1250メガパスカルで、これは鉄よりも強いのです。

この特性を活かした、超軽量・高強度繊維も実用化されています。衣服の他、防弾ベスト、釣り糸、電子部品配線、光ファイバーといった幅広い用途での応用も期待できるでしょう。

クモの糸の繊維にはもう1つ大きなメリットがあります。それは、環境負荷の低さです。

現在使用されている化学繊維の多くは、地下資源である石油から合成されており、その製造過程では大量の二酸化炭素が発生していました。さらに、土壌にいるバクテリア

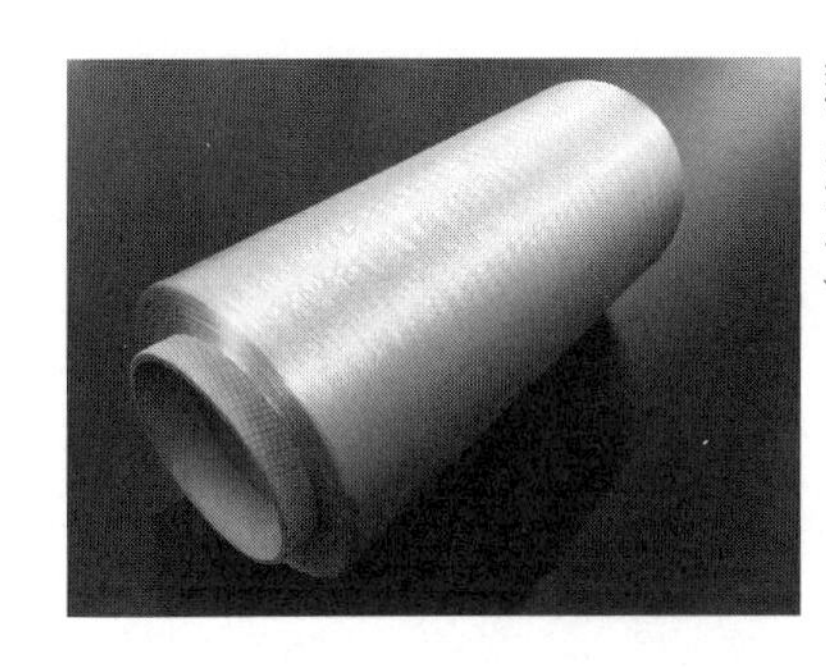

スパイバー社開発の人工クモ糸繊維（写真提供：スパイバー）

には分解できないため、廃棄後も地球にずっと残ってしまうという問題も抱えています。
しかし、合成タンパク質からつくるクモの糸の原料に、石油はつかわれません。そのため大量の二酸化炭素を排出することはなく、またタンパク質なのでバクテリアに分解されます。この意味でも、夢の新繊維になる可能性を秘めているのです。

ヤモリに学ぶ

画期的な接脱着技術

ヤモリが、凹凸のほとんどない垂直の壁をあっという間に駆け登ったり、逆さまの状態で天井を全速力で走ったり

THE NORTH FACEとスパイバー社が開発したアウトドアジャケットMOON PARKAを発表（2015年）。スパイバー社が開発した、クモフィブロインベースのタンパク質素材「QMONOS™」を使用している（写真提供：スパイバー）

するのを見たことがあるでしょうか？　これはつまり、自分の全体重を支えられるほどの接着力で、壁や天井に足を接着したり、離したりという動きを繰り返しているということです。

その秘密は、ヤモリの足の裏にありました。

ヤモリの足の指先には、目に見えないほどの細かい毛がびっしりと生えています。指1本あたり、長さ30〜130マイクロメートルの毛が約50万本あり、さらに、その毛1本1本の先端が枝分かれして、0・2〜0・5マイクロメートルのへら状の数百個の突起がついているという構造です。

ヤモリが天井を走るとき、この突起の1つ1つがそれぞれ天井の面に、ファンデルワールス力（分子と分子が引きつけあう力）でくっつきます。この仕組みによって、どんな場所でも自由自在に、かつ強力に張りつくことができる

窓ガラスに張りつくヤモリ

のです。

また、すぐにはがせるのは毛の生え方によるものです。すぐに天井から離れるような配置になっているので、少ない力で瞬時にくっつき、離れることができます。ヤモリの足は、強力な接着力とはがす仕組みを両立させているのです。

ヤモリの「接着剤を使用しない分子間力による接着、脱着」という機能には、非常に大きな可能性が秘められています。素材を選ばず、コンクリートでも、ガラスでも、木材にもつかえる吸盤があれば、工事現場、災害救助など、さまざまな場面に活用できるはずです。さらに、精密機器の部品を自在に接着・分解できるようになれば、革命的なイノベーションを引き起こすことでしょう。また、製品の解体が容易になれば、環境面での貢献も非常に大きいはずです。

現在、この研究は世界各国の大学、企業でおこなわれています。実験段階ではありますが、カーボンナノチューブを用いてヤモリの足裏の毛を再現したフィルムやテープでは、ヤモリ以上の接着力を記録したり、素材を選ばずに接着できるなどの成果が報告されているところです。他にも接着剤関係では、フジツボの構造を応用した水中接着剤の研究などが進められています。

カタツムリに学ぶ

汚れのつきにくい外壁

みなさんよくご存知のように、カタツムリという生き物は、じめじめしたところを好みます。ところがその殻はいつもきれいで、汚れることはほとんどありません。油を垂らしてみると、すぐに落ちてしまうのです。

これは、殻の表面に秘密がありました。

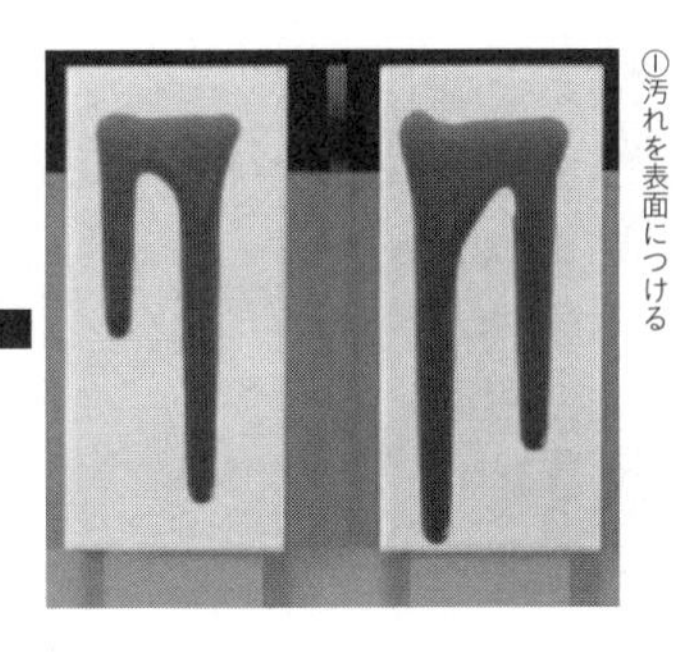

カタツムリのテクノロジーを応用したビル外壁用セラミックスタイル

（写真右）雨が降ると街の汚れ（油＋カーボン）が流れ落ちる。左は一般のセラミックスタイル（写真提供：株式会社LIXIL）

①汚れを表面につける

カタツムリの殻の表面を拡大してみると、幅が数十ナノメートルからミリメートルに至る非常に細かい溝が広がっていることがわかります。この溝は常時、水膜で満たされる構造になっているので、油などの汚れを浮かせてしまうのです。

この「汚れがつきにくく取れやすい表面」を応用した外壁タイル、シンク、トイレの材料はすでに実用化され、幅広くつかわれています。油性ペンで文字を書いても、雨が降ったり、水で流せば、すぐに落ちてしまうのが特徴です。

この技術は、機能面だけでなく、環境面でも大きな貢献が期待されています。

なぜなら、国内で年間約１４０億トン消費されている生活用水のうち、約30億トンが洗浄のためだけにつかわれて

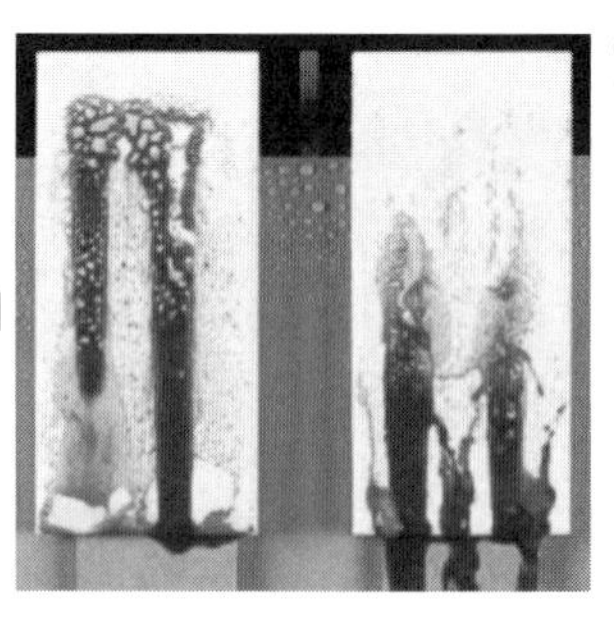
②水をかける

いるという現実があるからです。カタツムリが教えるネイチャー・テクノロジーがさらに浸透すれば、その抑制効果も期待できるはずです。

この他にも、ハコフグの頑丈さと低抵抗性をヒントにバイオニックカーを開発したベンツ社、サメのウロコや、マグロの体表のぬめりが高速水着誕生のヒントになったなど、実用済みのものだけでなく、開発途上のものなどネイチャー・テクノロジーの事例は枚挙にいとまがありません。

新幹線500系の開発では、パンタグラフにフクロウの風切り羽、車両先端の形状にカワセミのくちばしが参考にされたというのも有名な話です。人類にとって最先端の挑戦である超高速移動システムの設計に、こうした自然の知恵が活かされるのは、驚きではなく、むしろ当然のことだと考えるべきではないでしょうか。

③カタツムリの構造を持つタイルの汚れは流れ落ちる

ネイチャー・テクノロジーとバックキャスト思考によるライフスタイル創出は心豊かな未来形成の両輪（エコジレンマを避けるために）

自然のなかには、わたしたちがまだ気づいていない学びの種がたくさん隠されているはずです。それらを可能な限り明らかにし、多くの人と共有することが今後、ますます重要になることでしょう。

そのうえで、改めて注意しておきたいポイントがあります。それは、**自然の持つ素晴らしい機能、効率性だけに注目すべきではない**、ということです。

そのアプローチは、エコジレンマの轍を踏みかねません。たしかに、今、存在している機器についても、自然のメカニズムをつかってエネルギー効率を高めることは可能です。しかし、序章のザトウクジラの事例で指摘したように、それは一時的な対症療法にしかならず、消費の増大に飲み込まれてしまう危険が高いといえるでしょう。

わたしたちが本当に求めているのは、目先のエコ化ではなく、本質的な解決です。エネルギーや資源に負荷をかけない、心豊かに暮らせる自立型の未来を実現することです。そんな社会に必要となるモノをつくり、サービスを提供するためにこそ、自然は活用されるべきでしょう。

そのためには、バックキャスト思考で描いた未来のライフスタイルを念頭におくことが欠かせません。そこへと至る道筋に必要となる技術を自然から学び、サステナブルというフィルターを通して、リ・デザインすることこそが、ネイチャー・テクノロジーの本質です。

もしかすると、今、求められている新しいテクノロジーとは、自然やコミュニティから離脱してしまったヒトという生き物を、もう一度自然やコミュニティとつなぎ直すことなのかもしれません。

5章

コロナ禍に学び、バックキャストで考える2030年の心豊かな暮らし方

会社を拠点とする暮らしから、家を拠点とする暮らしへ

緊急事態宣言が出る少し前の2020年3月末に、大都市から田舎まで全国約10カ所の地域を訪ねてきました。コロナ禍の影響を肌で感じたかったからです。緊急事態宣言前ということもあったと思いますが、田舎はあまり変化がなく、一方の都会からは人が消えてしまったという印象でした。

これでは、あっという間にあらゆるビジネスに大きな影響が出るのではないかと心配していましたが、接客が不可避なサービス業などを除けば、崖から転がり落ちるような急激な変化はあまり見られず、それは「**テレワーク**」という新しいワークスタイルに負うところが大きいのだと知りました。東京ではサラリーマンの5割以上がテレワークを経験したそうです。

さらに、テレワークを主として仕事をしている方々に、そのメリット／デメリットについて聞き取り調査をしてみると、圧倒的にメリットが大きいこともわかりました。テレワークでも思った以上に仕事が効率的に進められるという発見があっただけではな

く、仕事の足場を会社から家に変えることで、いろいろなモノを見る視点が大きく変化したこともメリットの1つです。

それは、「家」という場と「家庭」という環境のなかで、「時間」という価値を再発見することにもつながります。通勤時間がなくなったこと、あるいは自分の裁量でワークの時間が決められることから生まれる新しい時間の概念です。自分自身で時間を管理し、そのなかでメリハリをつけて、ワークとライフの新しい価値観を生み出してゆくということなのでしょう。**「個（人）で（自由に）仕事をデザインする」**という価値を学んだ、あるいは、**「横並びをよしとしてきた文化に警鐘を鳴らした」**ともいえるでしょう。

本来、会社に通勤していても考えなくてはならなかったことかもしれませんが、会社を拠点にした思考では「忙しい」が既成事実化され、家族との関わりをこれほど深く考える機会がなかったということかもしれません。

ワークでは集中して仕事をこなし、ライフでは家族との時間を大事にし、ワークとライフの合間の散歩では、身近にある自然に改めて感動し、愛おしく思い、すれ違うご近所さんにも、話したこともないのに妙な親近感が生まれる。額にしわを寄せて、「コミュニティを生み出すには？」などと会議室で議論するより、生活の拠点を家にするだけで、コミュニティが自然と生まれてくるのだとも気づかされました。

コロナ禍は、**今までの会社を拠点とする暮らしを、家（家庭）を拠点とする暮らしに変えたことで、生活のなかにある時間やライフとワークの関わりを改めて深く考え、心豊かな暮らしとは何かという気づきを与えてくれた**ともいえます。

そんなことがおぼろげながら見えてくると、東京のような大都市に住む必要を感じなくなります。自然環境に恵まれ、家賃も物価も安い田舎でテレワークを中心とした仕事が次々と生まれれば、２０４０年に日本のまちの半数が消滅するなどということもなくなるでしょう。

実際、人材派遣業大手のパソナグループは先日、東京にある本社機能を兵庫県の淡路島に移転し、１２００人の社員を移住させると発表しました。

田舎住まいでテレワーク中心の仕事をする人が増えてくれれば、田舎と都会の精神的な距離が近くなり、目線も同じになるのではないかとも思えてきます。新幹線は1時間に1本、飛行機の便数も従来の10分の1程度でＯＫ。時折の出張は日帰りなどもったいないことはやめて、いろいろな人たちとの懇親や旧交を温める絶好の機会と思えばいいし、五感を鍛えるまたとない機会にもなるでしょう。

一方で、田舎はどう変わればよいのでしょう。これについてはなかなか情報が集まりません。田舎には「3密」なぞ基本的にないのですから当然です。ただ、都会の人たちがこのようなライフスタイルの変化を望んだとき、それを田舎の人たちは受け入れられるのでしょうか？　さらには受け入れた結果、自立型の田舎に変身するには何を考えればよいのでしょうか？　その変化を担うのは誰なのでしょうか？　残念ながら、これらの部分に関しては今後の課題です。

コロナ禍で2030年の世界を体験する

このコロナ禍で世界全体では17%、アメリカ、イギリスでは30%の温室効果ガスの削減があったことが発表されました（Nature Climate Change　2020年5月）。わたしの計算では日本も30%近い削減があったはずです。

今、地球環境の喫緊の課題は地球温暖化と生物多様性の劣化に対応することです。最先端技術を使わずとも、少なくとも日本では強制されるのではなく、わたしたちの意思で行動変容が起こり、30%の温室効果ガスを削減できたのです。生物多様性に対しては、あまりに時間が短くてその効果はわかりませんが、おそらくよい方向に向かっていることはたしかだと思います。言い換えると、日本の温室効果ガス削減目標は2030年度に2013年比で26%削減ですので、今わたしたちは、2030年にいると思ってよいのです。

バックキャスト思考では、未来の制約を想定して、そのなかで豊かな暮らしを描くのですが、わたしたちはそれをすでに現実のものとして経験しているのです。新幹線は1

時間に1本、飛行機は10分の1程度に便数が減り、高速道路に自家用車の姿は見えず、テレワークで通勤電車もガラガラで……。

そうであればこのコロナ禍、すなわち2030年の疑似体験下で心豊かな暮らし方のキーワードを集めれば、制約のなかでの心豊かな暮らし方のかたちが見えるはずです。2020年4～5月の2カ月間でおよそ300人の方々にヒアリングをおこない、そのキーワードを集めて分類し、暮らし方のかたちを描いてみました。

ワクワクドキドキ心豊かな2030年の暮らし方（ライフスタイル）の具体的なか・た・ちとキーワード

集めたキーワードの属性分類をしたところ、7つの暮らし方のかたちが見えてきました。さらに属性ごとのキーワードを都市から観たライフスタイル、田舎から観たライフスタイル、共通するライフスタイルに分類しました。

各々のキーワードをつかってライフスタイルを描くことで、個別のキーワードがつながり、1つの暮らし方のかたちが見えてきます。キーワードはいくつつかっても構いません。それらがつながったライフスタイルを描くことで、具体的な暮らし方のかたちが見えてきます。具体的な暮らし方のかたちが見えれば、そこから、新しいビジネスの種も見えてくるのです。まさにバックキャストで描くライフスタイルとまったく同じことがコロナ禍を学ぶことから描けるのです。

ここでは、収集したキーワードとそれをベースにしたいくつかのライフスタイルを描いてみました。ぜひ、キーワードをつないで独自のライフスタイルを描いてみてください。きっと新しいビジネスの種が見つかるはずです。

7つの暮らし方のかたちと採集したキーワード

1　地域での暮らしを大切にし、分け合うようになります

都市でも田舎でも、各々の地域に根づく暮らし方のかたちが生まれ、都市と田舎の視座が共有化されることによって精神的距離が近くなる。

都市から観たライフスタイルキーワード

・暮らしの個性化
・ワークとライフが重なる暮らし
・田舎が近づく（＝都市から見て）、世界がフラットに（＝田舎から見て）、都市から田舎にお手伝い
・移動式住居カー、多拠点居住、サブスクサービス
・家族の在り方、家族との絆

・ゆとりの時間
・都会と田舎の姉妹協定
・拡張家族暮らし（他人同士が家族のように暮らす）
・ご近所コミュニティ
・非消費活動（消費活動で解決される課題は限られている）
・ご近所に時間や知識のお裾分け
・子どもも自然と家事分担
・野ガキ化

働き方シーンキーワード

・東京に本社がなくたっていいじゃないか（テレワークの普及）
・ワークとライフが重なる暮らし
・脱時間管理
・何枚もの名刺を持つ

・企業は固定オフィスを半減、社員も近郊・田舎暮らしで販管費半減
・新しい移動の概念

田舎から観たライフスタイルキーワード

・スーパーシティ、世界に誇れる一流の田舎暮らし、自律分散型社会
・世界とつながる田舎暮らし
・田舎暮らしがかっこいい
・二拠点居住
・テレワークしながら農業（バーチャルワーカー、週休3日6時間労働）
・小さな循環（経済も食も）
・新しい移動の概念
・緊急時に見えてくる魅力

共通するライフスタイルキーワード

・密から疎な社会へ
・ゆったり移動（新幹線は1時間に1本、飛行機も10分の1）
・オン・オフラインでの「人と会う、語り戯れる、そして共感する」（人は社会的動物）
・民意が反映される社会システム
・みんなとする仕事のありがたさ
・食のギャランティー（田舎の人と拡張家族関係）
・都市と地方の同期
・コミュニティのなかでの（未利用）資源の循環
・新デリバリーシステム（待ち遠しい＝時間のかかるネット通販）
・ちょっとした不自由さを個やコミュニティの知識、知恵、技で乗り越える（「間（ま）」を埋める）
・住む人の文化と空間を創り出す、人の文化が生み出す暮らしのかたち
・シビックプライド、ノンシビックプライド

・地域通貨

2　知識や教養が大切にされます

物質的な豊かさから精神的な豊かさが求められるようになり、認知的な能力より非認知的な能力が生活のなかで求められる。

都市から観たライフスタイルキーワード

・本当に必要なモノやコトが明確に
・振る舞いに現われる知識や教養
・考えた行動
・求められるクリエイティビティ

田舎から観たライフスタイルキーワード

・生きるための学び（おばあちゃんの知恵袋、職人、知恵の伝承）

共通するライフスタイルキーワード

・都市と田舎の文化共生（田舎では祭り、都市ではオペラ、交響曲）
・学びの個別化と共同（協同、協働）化の融合（探求、非認知的能力、社会性の鍛錬、そのためのメソドロジー〈方法論〉）
・振る舞いに現れる知識や教養
・田舎が近づく（＝都市から見て）、世界がフラットに（＝田舎から見て）、地域内も、地域と都市、地域と世界のコミュニケーション距離が同じになる
・体験の場つくり
・地域文化と異文化の融合
・オン・オフライン寺子屋、リカレント教育（大人の大学＝教養、文芸、民芸、書道、華道、茶道、武道など）

・人の魂を鍛える「道」（MBA〈経営学修士〉からMFA〈美術学修士〉へ）
・一生学ぶ幸せ（苦労とともに）
・目利きを魅了する道具、ファッション、食（ブランド力、価格より物語）

3　地域でつくれるものは地域でつくります

食、もの、エネルギー……の地産地消（地域に必要なものを地域でつくる）が、ナンバーワンよりオンリーワンという地域の個性と地域内の循環を生み出す。

都市から観たライフスタイルキーワード

・Farm to Table（農場から食卓へ）
・アーバンファーミング、地産地消（食）への挑戦、旬
・地産地消（食、エネルギー、サービス）
・オンラインマルシェ

・男の料理教室、巡る食の循環分配
・生ゴミを捨てない暮らし＝コンポストのある暮らし（堆肥）
・コンポストがローカルをつなぐ
・世界のインフルエンサーとのつながり
・テイクアウト、デリバリー、宅配、オンラインレストラン、店内売り上げと店外売り上げが拮抗するレストラン
・目利きを魅了する道具、ファッション、食（ブランド力、価格より物語）

田舎から観たライフスタイルキーワード

・地域外に頼らない商材（食、もの、エネルギー）の循環
・おばあちゃんの知恵袋
・食料自給率90％へ
・巡る食材（流通システム）
・地産地消（食、エネルギー、教育、ものつくり、サービス）

・多機能小規模自治
・ナンバーワンからオンリーワン（ブランド創り）へ
・中国から戻ってきた工場

4　自然をもっと意識した暮らしになります

自然が身近に感じられ、自然に活かされていることを知り、自然を活かし、そして自然を往なすという概念が暮らしの基盤になる。

都市から観たライフスタイルキーワード

・ベランダ菜園（かわいくて摘めなくなった）
・Farm to Table
・自然のなかでの長期滞在型観光（都市から田舎へ）
・オーガニック食、衣料、化粧品

・自然公園
・外の空気に触れる喜び
・自然の風に、匂いに、色に、そして虫や鳥にも恋する

田舎から観たライフスタイルキーワード

・地域の人のための地域の自然を学ぶ（新しい観光）
・パーマカルチャー

共通するライフスタイルキーワード

・自然のなかでの新遊び（山ガキ、海ガキ、秘密基地）
・自然のなかでの競技
・自然の回復（森林、海、河川）
・自然療法
・五感、旬、匂い（自然に畏敬の念を抱き、自然とともに生き、見えないものの力を

信じ、生きてきたＤＮＡを磨き直す）
・ネイチャースクール
・絶滅危惧種が増加傾向
・災害には先達の知恵

5　健康であることが大切にされます

働くという概念が大きく変わり、ライフとワークがオーバーラップする暮らしと地域とのつながりが、健康寿命にも大きく関わってくる。

都市から観たライフスタイルキーワード

・働き方革命（週休3日6時間労働）
・インテリジェントスポーツ、スマートスポーツ
・マクロビオティック、健康法のパーソナライズ

・新コミュニティ

田舎から観たライフスタイルキーワード

・コミュニティの強化（遊び、多機能小規模自治、仕事）

共通するライフスタイルキーワード

・死ぬまで現役
・尊厳死
・食リテラシー（自分の命にもワクワクにも環境にもよい選択をする能力）
・ワークとライフのオーバーラップ

6　お金をかけずに生活を楽しみます

「喜ばしい制約」（ちょっとした不自由さや不便さ）を個（人）やコミュニティの技や

知識、知恵で克服することが日常になり、「お互いさま」や「工夫、修理してつかう」などが生活のキーワードになる。

都市から観たライフスタイルキーワード

・暮らし方（拡張家族）

田舎から観たライフスタイルキーワード

・何でも何とかする

共通するライフスタイルキーワード

・自立（「間」を埋める、DIY、修理、考える〈思考〉、目利き、学ぶ、遊ぶ）
・喜ばしい制約（我慢のためではなく）
・お互いさま
・コミュニティ（文化、教養、心のアップサイクル）

・情報交換（オン・オフライン、コミュニティ）
・コミュニティ、シェア、レンタル、共有、活かしきる、知足

7　ときどき思い切って贅沢します

贅沢とは非日常であり、それをあまりお金を介さないで享受できる機会が生まれる。

都市から観たライフスタイルキーワード

・ときどきの贅沢が地域貢献

田舎から観たライフスタイルキーワード

・田舎は高級リゾート地

共通するライフスタイルキーワード

・時間、文化、祭り、非日常を楽しむ

2030年の社会のライフスタイルイメージ

キーワードを概観すればライフスタイルがイメージできます。いくつかのキーワードに絞り込めばより具体的なライフスタイルも見えてきます。それらはまさに社会の一断面ですから、このようなライフスタイルをいくつも描くことにより、2030年の社会デザインが見えてきます。

1　地域での暮らしを大切にし、分け合うようになります

〈ライフスタイルイメージ〉都市部での仕事はテレワークが一般化し、家で仕事をする時間が圧倒的に増えました。その結果、拠点を会社から家に変えたというだけでは説明

ができないくらい大きな変化が起こりました。深くなった家族との関係、ご近所さんとの関わりも増え、ゆったりした時間が自然を愛おしく思う心を蘇らせてくれました。それは家を中心に働くことの多い田舎では当たり前の暮らし方のかたちであったことにも気づきました。大発見でした。

大都会に本社があること、大都会で働いていることがステータスだった時代は、はるか昔のことです。今は都市も田舎も自立し、同じ目線でお互い尊重し合い、刺激し合い、そしてどんな小さな田舎も当たり前のように世界とつながっています。

キーワードをさらに絞れば、以下のような「生活シーン」「働き方シーン」などのライフスタイルも見えてきます。他の6つの「ライフスタイルイメージ」からもキーワードを絞り込んで、さらに具体的な暮らし方のかたちを描いてみてください。

生活シーン①　自分流の暮らし方

10年前頃までは未来の子どもたちのことをそれなりに思い、節電に気をつかったりエコ電化製品をたくさん買ってみたものの、地球環境負荷削減にはほとんど貢献しなかったようです。そんなことがあったことが今では信じられません。当時は、メディアや行政の宣伝に煽られるまま、それが流行であるかのように、みんなが同じ行動をしなければならないような気持ちになっていました。

でも、家と会社の2つに分かれていた拠点が、家という1つの拠点と家庭という1つの空間に代わってから、誰もが自分流の生活を意識し始めました。人に合わせるのではなく、家族の生活リズムが優先される暮らしです。家族でいろいろなことを考え、試す暮らしのかたちです。その結果、驚くほど地球環境負荷は下がっているそうです。そんなに必死に努力もしていないのに、不思議なものですね。

〈キーワード：暮らしの個性化〉

生活シーン② お父さんはえらい！

家にいる時間が増えたからなのか、家族と話をする時間が増えたからなのか、子どもたちが大人に一目をおいているような様子がさまざまな機会に見てとれます。それを意識してか、大人たちも自分たちの行動に意識が向いているようです。

我が家では子どもたちがよほど興味があるのか、わたしの仕事のことをいろいろと聞いてきます。テレワークで部下と話しているのを垣間見ているからでしょう。子どもたちにとってはえらく難しい話をテキパキと進める親父のことを少し自慢に思ってくれているのかもしれません。

家事も自然と子どもたちが分担してくれるようになりました。仕事の合間には気分転換に1人で、ときには家族みんなで近所を散歩します。都会の真ん中でも鳥の声が聞こえたり、小さな花が咲いていたり、新しい小道を発見したり、ばったり出会ったご近所さんとBBQの約束をしたり、楽しい時間です。

家に戻ると、姉妹農家協定を結んでいる農家のEさんから小包が届いていました。都市が危機を迎えたときに優先的に食料などを供給してもらう協定ですが、何度かお互いに行き来するなかで、今では家族ぐるみのつきあいになっています。

〈キーワード：家族の在り方・家族との絆、ゆとりの時間、都会と田舎の姉妹協定、ご近所コミュニティ、子どもも自然と家事分担〉

働き方シーン　本社は田舎です！

テレワークが当たり前になり、仕事場は自宅か自宅の近くにある町営テレワーク・スタディ・ルームです。どこの町内にも1カ所以上そんな場所ができています。本来は自宅に仕事場がない人のために設置されているのですが、気分転換にあちこちのスタディ・ルーム巡りをしている人もいるようです。テレワークに移行してから転勤という概念もなくなりました。どこに居ても都会、田舎、世界とつながっているのですから。

最近のブームは「田舎本社」です。東京からの本社移転が進み、田舎に本社があることがむしろステータスになりました。なかには辺鄙な離島に本社を構える会社さえ出てきました。月に1度くらい本社に出かけるためには最低でも2泊3日、本社が離島にあるという距離的なこともそうですが、新幹線は1時間に1本、飛行機も10年前に比べれば10分の1になっていますから……。しかし、それに文句を言う人はいません。その旅は非日常的でとても楽しみで、感性も磨かれるような気分になるのですから。

テレワークが一般的になり始めた頃、ものつくりの人たちは毎日現場に出なければならず、格差が生まれるのではないかとの議論もありましたが、結局杞憂に終わりました。大量生産・大量消費という概念はすでになく、商材は長くつかえるよいものが、修理ができることを前提としてつくられています。

中小規模の田舎にある工房で働いている人はみんなその近くに住み、AIロボットをフルに使い、ものつくりの人たちは自分たちに求められる匠の技を磨くことに、仕事のやりがいやありがたさを感じているようです。

〈キーワード：東京に本社がなくたっていいじゃないか（テレワークの普及）、新しい移動の概念、みんなとする仕事のありがたさ〉

田舎から観た生活シーン　田舎暮らしはかっこいい！

都会でテレワークという新しい仕事の仕方が始まって、田舎は様変わりしました。都会から多くの人が家族での移住を始め、今までのコミュニティにもプラスになってほしいと、移住者は消防団に入ることが前提という条件を付けたのですが、移住者はみんなOK！　でも都会育ちの人たちには実際のところ無理かなとも思っていましたが、結構重いホースを持って走っています。どうやら毎週の演習のあとの飲み会も楽しみなのか、1カ月もしないうちに家族全員コミュニティにしっかり溶け込んだようです。

都会っ子だった子どもたちも田舎の子どもたちと一緒に山を駆け回っていて、立派な山ガキになりました。テレワークというのは結構自由な時間があるようで、地元の人に教えてもらって野菜や料理をつくったり、町の行事にもよく参加してくれます。テレワークをしながら本格的に農業を始めてしまった人もいます。

わたしたちは当たり前だと思っていたのですが、何度も「ここの自然は美しい」「癒やされる」と言われると、こちらも気分がよくなって、今年からみんなで森の整備もすることにしました。こんな田舎に住んでいることを、移住者たちは、「かっこいい！」と思っているようで、この田舎のことを世界中に発信してくれているようです。

移住してきた人たちに気持ちよく仕事をしてほしくて、町では集落ごとにテレワークのハブ基地をつくることを決めました。新しい集落の収入源です。移住者たちの田舎風オシャレな住宅を含むインフラ整備が雇用や仕事を増やし、町に活気が戻ってきました。「2040年の消滅可能性都市」といわれていたのがウソのようです。

テレワークが増えると、世界中から人がやって来ることにも驚きました。みんなが発信してくれるお陰で、どうやらやって来るのは非日常を楽しみたいという人たち。たしかに自然しかないこんな田舎だものなぁ……。でもこれが世界とつながっていると思うと不思議です。そうそう、こんな田舎のことを最近では「スーパーシティ」と呼ぶそうです。

〈キーワード：スーパーシティ、世界に誇れる一流の田舎暮らし、自律分散型社会、世界とつながる田舎暮らし、テレワークしながら農業（バーチャルワーカー、週休3日6時間労働）〉

2　知識や教養が大切にされます

〈ライフスタイルイメージ〉豊かさの価値が物質的な消費に依存する社会は終焉し、外的なエネルギー消費から内的なエネルギー消費の時代へ移行する速度がますます早くなっているようです。エネルギーや資源を使わずとも豊かに生きるという価値が大衆化したのです。

学校では画一化された一方通行の教育ではなく、必要に応じて必要な力を借りながら自分のペースで自分に合った場所で学びが提供されるようになり、誰でも一生学びを続けることができるようになりました。それは生活の場が家に移行したことも強く関係します。他者との比較ではなく、家族や個（人）の個性を醸成させ続けることが家族の生き方にもなっているからだと思います。

一方では、都市と田舎の視座が近くなった結果、面白い現象もたくさん起こり始めました。たとえば、世界を代表するオペラと田舎の祭りのコラボレートが違和感もなくおこなわれるようにもなったのです。

3 地域でつくれるものは地域でつくります

〈ライフスタイルイメージ〉10年以上前の日本は、食料自給率37%、3000万トン以上を海外から輸入し、ほぼ同量の2800万トンほどを廃棄していたそうです、そのなかには600万トンほどの食品ロスも含まれ、1人当たり年間51キロにも上り、当時の1人当たりのお米の消費量と同じほどだったとか。

商品もほとんどが海外の安い労働力に頼った修理のできないものばかり。エネルギーだって9割以上を輸入に頼り、原子力発電を入れても自給率は1割にも満たなかった。世界の人口は78億人から2050年には97億人に増えるというのに、多くを海外に頼って不安はなかったのでしょうか。

今では食もエネルギーも、ものつくりも、そして学びも、各々の地域のなかでぐるぐる回るという概念が当たり前になってきました。都市と田舎の境界が希薄になったことが、それを加速化させたのでしょう。

4　自然をもっと意識した暮らしになります

〈ライフスタイルイメージ〉地域間は大型の4連結トレーラーなどが高速道路を走ってつないでいますが、地域内の移動は小さな電気自動車や自転車が主役になりました。都市では交通量もずいぶん減ったので、道路のアスファルトを剥がして自然公園にしたり、週替わりで面白い屋台が出ていたりします。おかげで家族と近場を散歩しても必ず緑に出会えます。道すがら摘んだ野草が食卓に上ることも多くなりました。風に匂いがあることも知りましたし、小さな葉っぱにしがみついている虫たちにも愛おしさを感じます。鳴き声だけで鳥の名前もいくつかわかるようになりました。

子どもたちは毎年4カ月くらい、姉妹協定を結んでいる田舎に留学しています。最先端のAIなどの授業はリモートですが、田舎にいるときの多くの時間は都会風にいえばサバイバル学習。おじいやおばあが先生になって野菜をつくり、素潜りで魚を獲り、捌き、料理を作り、ロープワーク、野宿の仕方……。こんな山ガキ、海ガキ教育、逞しくなるはずです。

5　健康であることが大切にされます

〈ライフスタイルイメージ〉10年前に比べて、平均寿命はそれほど延びてはいないようですが、それは死に対する理解が進み、「尊厳死」の選択ができるようになったからです。

一方で健康寿命は世界一になったのは、働き方が大きく変わったことが1つの理由だと思います。テレワークが始まって、指示された仕事をこなすのではなく、自分で仕事を生み出し、会社に、そして結果として社会に貢献する意志のようなものが生まれたからでしょう。会社と自分の目線は対等で、能力によって契約をしているイメージです。

ネクタイをして毎日定時に通勤していた時代が信じられませんが、今は複数の会社と契約を結び、週休3日くらいで仕事をしています。ワークもライフも境界がなくなっている感じです。テレワークでも、定型の仕事をしている人たちにはまだ定年という概念が残っていますが、2〜3次産業の多くの人たちに定年はなくなりました。

1次産業の人たちと飲んでいるとよく、「死ぬまで現役。そしてぽっくりよ」と大笑いしながらいいますが、やっと僕たちも同じ感覚になりました。

6　お金をかけずに生活を楽しみます

〈ライフスタイルイメージ〉「経済成長率なんか、限りなくゼロに近くてもいいじゃないか」という思いが社会を覆っています。経済成長率だけが国の豊かさの指標の時代もありましたが、結果として大量生産・大量消費という活動が大きな地球環境負荷を生み出し、お金だけが豊かさの物差しとなって人の心まで荒んでいたようです。

今はちょっとした不自由さのなかで自分やコミュニティの知恵、知識、技をつかってその不自由さを乗り越え、結果として生まれる愛着感や充実感、達成感を味わうことが当たり前になってきました。ちょっとした不自由さというのは、実は「喜ばしい制約」だということに誰もが気づき始めています。「お互いさま」という言葉も復活しています。コミュニティのなかでのシェアやレンタル、共同作業、多機能小規模自治みたいなものでしょうか、そんなお互いさまが自発的に生まれ始めています。

豊かさが、物質的なものから精神的なものへ移行し、一過性ではなく、ゆっくりと積み上がってゆく文化的なものが大事だと、みんながわかったからです。

7 ときどき思い切って贅沢します

〈ライフスタイルイメージ〉出社するって贅沢だよね、何しろ本社まで出かけると4日はかかるからね、ゆっくりと旅する気分……。せっかくだから友人たちとリアル飲み会も計画したい。リアルって五感をフルに使うからかもしれないけれど、テレワークで話しているときと何か感覚が違う。

リアルっていえば、本屋さんも贅沢だ。古本屋さんのほうが好きだけど、ちょっとかび臭い紙の匂い、1ページずつ手でめくってゆく感覚、時間をかけてゆっくり本を選ぶなんて……。わかっている気はしていたけれど、リアルに経験するとまったく違う感覚になるって、とても贅沢なことだと思う。

姉妹協定を結んでいる田舎だって、数日伺うのと1カ月住まわせてもらうのでは全然違う。うまく言えないけれど、景色や匂いや音が自分のものになるって感じかな。でも同じ景色や匂いや音は二度と繰り返されない、毎日違う。そこでは日常だけど感覚としては非日常、自然って揺らいでいるようにも感じるからね。そんな経験ができるのも、とても贅沢なことだと思う。

すでに述べたように、このようなライフスタイルをいくつも描くことで、2030年の心豊かな社会が見えてくるはずです（社会デザイン）。各々のライフスタイルのなかにも、社会デザインとして見えてきた暮らしのかたちからも、いくつもの求められるビジネスの種が見えてきます。その種はバックキャスト思考でいうディレクション、1つの方向性を示すものです。それが見えてくれば、次にその方向に向かってフォーキャストでKFS（＝重要成功要因・81ページ参照）を明らかにし、戦略を立て、具体的なビジネス開発に進めばよいのです。

なお、キーワードの収集などについては、下記の方々にご協力をいただきました。株式会社オレンジページ代表取締役社長・一木典子氏、有限会社蓮井幹生写真室代表・蓮井幹生氏、株式会社インター・ビュー代表取締役社長・黒木潤子氏を管理者・モデレーターとして公開された「2030年の心豊かなライフスタイルを考える」FaceBook公開グループにご参加いただいた240名の方々の貴重なご意見、および東北大学大学院SEMSaT修了生有志による3度のWEB会議（コーディネーター＝古川柳蔵氏）、および一般社団法人サステナブル経営推進機構（SuMPO）専務理事・壁谷武久氏と理事会のみなさんとのWEB会議を通して議論したご意見を主なものとしてまとめさせていただきました。

終章

バックキャスト思考でつくる、地域の未来

「未来の暮らし方を育む泉の創造」プロジェクト

最後に、バックキャスト思考を地域活性化に活用している事例を紹介しましょう。**日本という国の未来を考えるうえで、地域（ローカル）の活性化は避けることのできない課題です。**しかし、少子高齢化という社会的な制約、さらに今後ますます厳しくなることが予想される地球環境制約を考慮すれば、それは「かつての賑わいを取り戻す」こととイコールにはなりえません。厳しい制約のなかで、持続可能かつ心豊かな社会を新たに実現することが求められているのです。つまり、制約を踏まえた、新しいライフスタイルの創造と移行が必要だといえるでしょう。まさに、バックキャスト思考が活用されるべき課題なのです。

わたしたちが取り組んでいる**「未来の暮らし方を育む泉の創造」プロジェクト**（JST-RISTEX「持続可能な多世代共創社会のデザイン」研究開発領域平成27年度採択プロ

ジェクト）では、制約条件の異なる４つの地域（岩手県北上市、兵庫県豊岡市、三重県伊勢志摩地域、鹿児島県沖永良部島）をモデル地域として、それぞれの地域に適した未来のライフスタイルを創出する基盤を構築しようとしています。

具体的には、本書で紹介した「90歳ヒアリング」を各地域でおこない、戦前の厳しい制約のなかで豊かさを生み出した価値や地域らしさを抽出します。この結果に基づいて、バックキャスト思考で新しいライフスタイルをデザインし、さまざまな企業や組織、行政、多世代の人々とともにこれを具現化し、新しいビジネスのデザイン、地域のデザインを経て、浸透させていきます。

このプロジェクトの目的は、その地域を活性化させるだけに留まりません。

地域を豊かにしたという成功例は全国各地にありますが、「どうすれば成功するのか」の原理はまだ明らかになっていません。このプロジェクトは、その方法論の構築を目指しています。**さまざまな地域で活用できる全国共通の「未来づくりの教科書」をつくることが目標です。**

また、私塾である「未来の暮らし創造塾」を２０１８年に設立し、これらモデル地域や同手法を用いて活動している有志を集め、プロジェクト終了後も各地域で継続的に活動できる体制を築きました。これらの地域の横の連携を強化し、点から面へ活動を広げる体制が整いつつあります。

地方だけでなく、東京の杉並区でも「未来の暮らし創造塾杉並」が立ち上がりました。これまでに10の地域が類似手法で活動を進めています。次のステップは地方と都市の連携でしょう。

兵庫県豊岡市の事例

豊岡市では、90歳ヒアリングを経て、バックキャスト思考で２０３０年のライフスタイルがデザインされました。豊岡の持つ、豊かな自然環境・資源に根ざした新しい未来像へと向かうロードマップは、フォーキャスト思考で構成されています。

描いたライフスタイルを地域に具現化していく第一歩は、ライフスタイル体験会です。豊岡の子どもや大人たちに、「未来の豊岡」の暮らしを実際に体験してもらい、新しい自立型ライフスタイルへの「間（ま）」を埋めていきます。同時に、感想や意見をもらい、わたしたちが描いたライフスタイルの有効性を確認したり、さらなる展開につなげていくことも重要です。

その1つが、2章で紹介した「**木育ワークショップ**」でした。

まな板をつかった、このワークショップには、次のような意図があります。

・持続可能な暮らしに必要な価値を体験

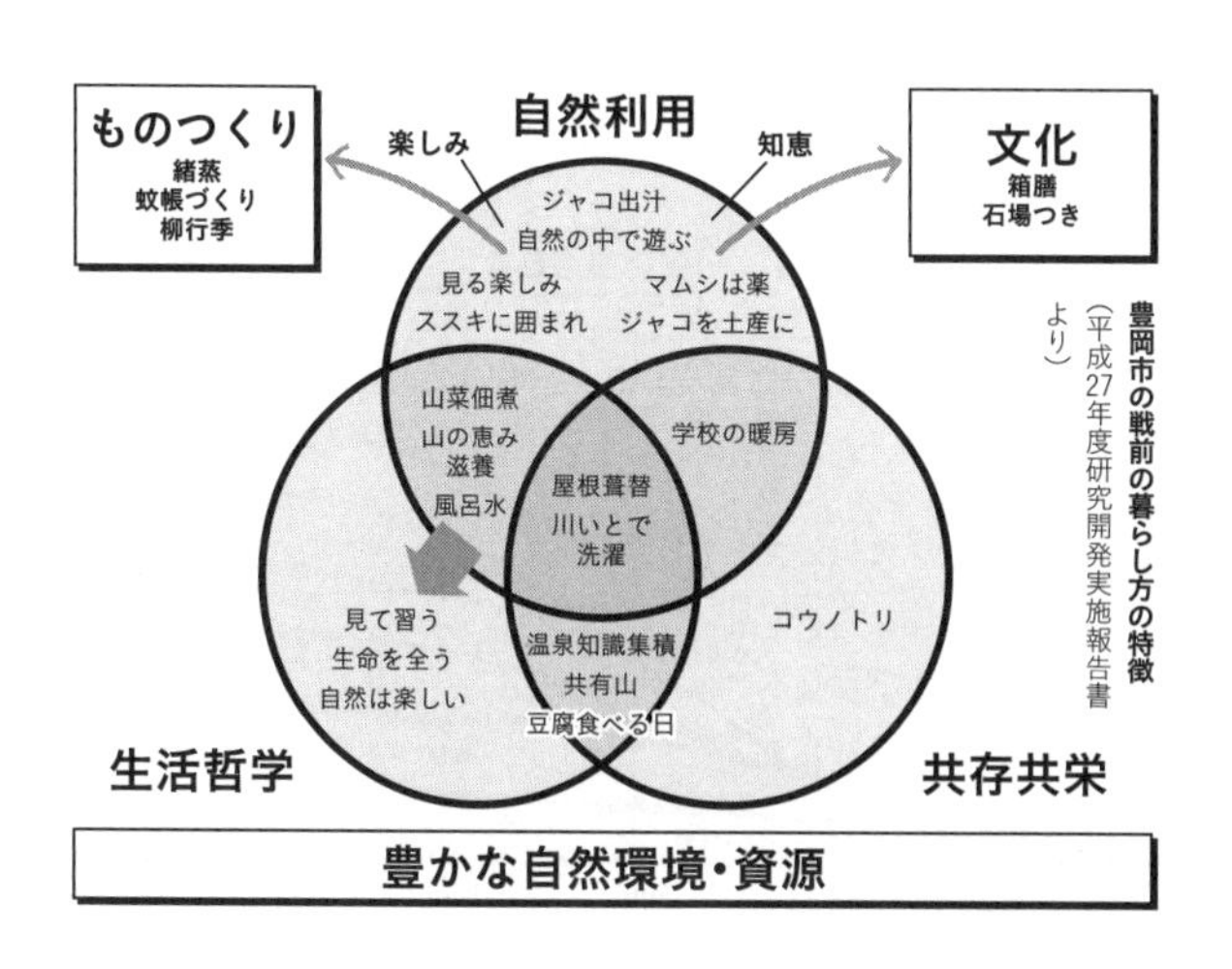

豊岡市の戦前の暮らし方の特徴
（平成27年度研究開発実施報告書より）

する

・90歳ヒアリングで得られた「モノを大事に長く使用する」価値観を体験する

・「ちょっとだけ不便」なことを乗り越えて、間を埋める

・自然のすごさを学ぶ（ネイチャー・テクノロジーのレクチャーなどをおこなう）

このワークショップでは、最初は「モノつくりが好きだから」という理由で参加していた子どもたちが、環境問題解決への貢献、自分がつくったモノをつかってもらう喜び、1枚の木をつくりかえて大事につかう昔の知恵を知り、「そんな意味もあるんだ」と、価値観が転換する兆

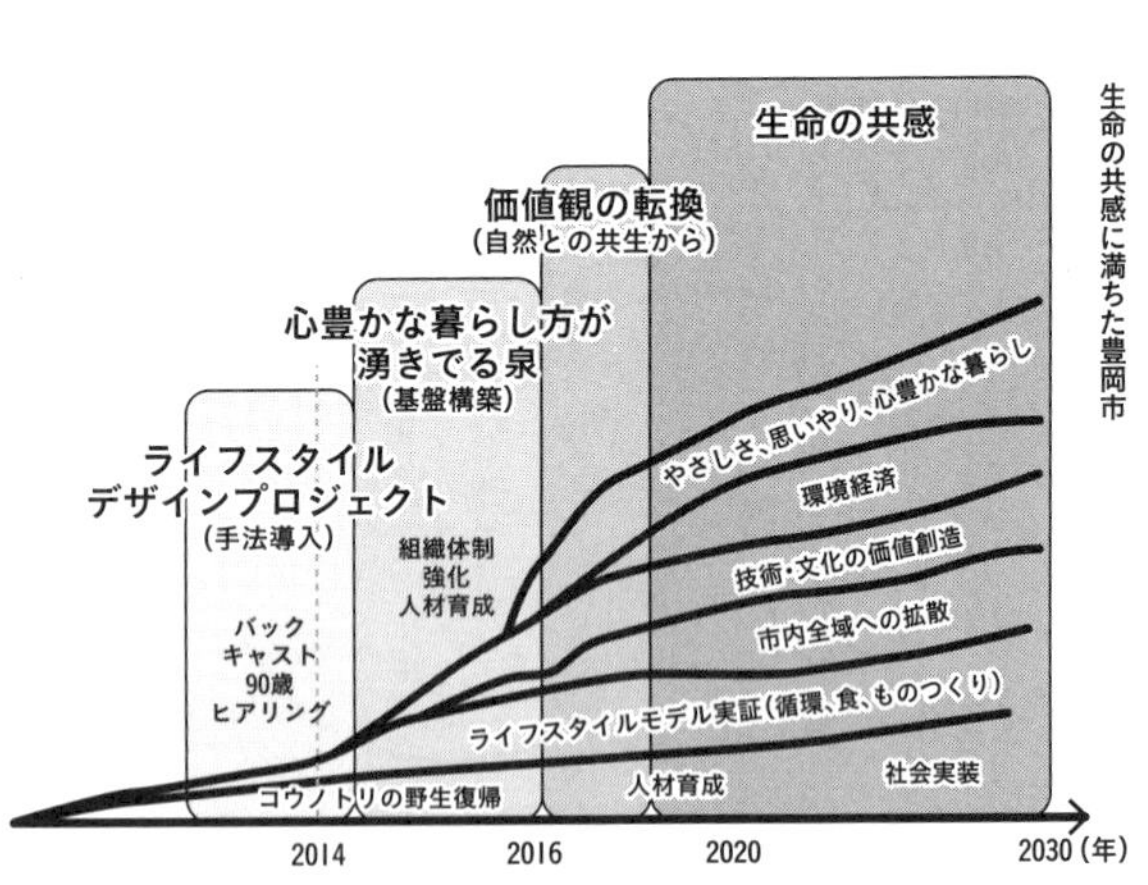

しを見ることができました。

さらに子どもたちには「つかえるものは、他のものにつくり変えて長くつかいたいと思うようになった」という意識の変化や、「ホームセンターへ行って、木材コーナーを見ていたら、『小さい椅子をつくりたい！』と思いついて実際につくってみた」といった行動の変化も見られました。子どもたちは、その言葉自体は知らないにもかかわらず、バックキャスト思考で考えられるようになったのです。

また「地産の食材の旬を味わい、多世代で集い、昔の料理方法を学びながら一緒に料理する暮らし」というライフスタイル実現へのファーストステップとして、**「旬を楽しむ会」**というライフスタイル体験会も開催。次のような成果がありました。

つくったまな板は2カ月使用し、修理。その後また2カ月つかう

計4カ月つかったら、最後は好きなものに加工してもらう

・地元の生活者が「旬」を意識するきっかけになった
・高齢者へのヒアリングで、制約のあるなかでの食材の調達、調理法などのデータが集まった
・制約があるなかでの「食」の楽しみを改めて共有できた

食に関しては、この会でのやり取りから、次のステップも生まれました。

地場の食材を子どもたちに食べさせようという構想から、地域の伝統的な天然倉庫である「雪室（ゆきむろ）」（118ページ参照）を共同利用することになったのです。この事業は先述したようにす

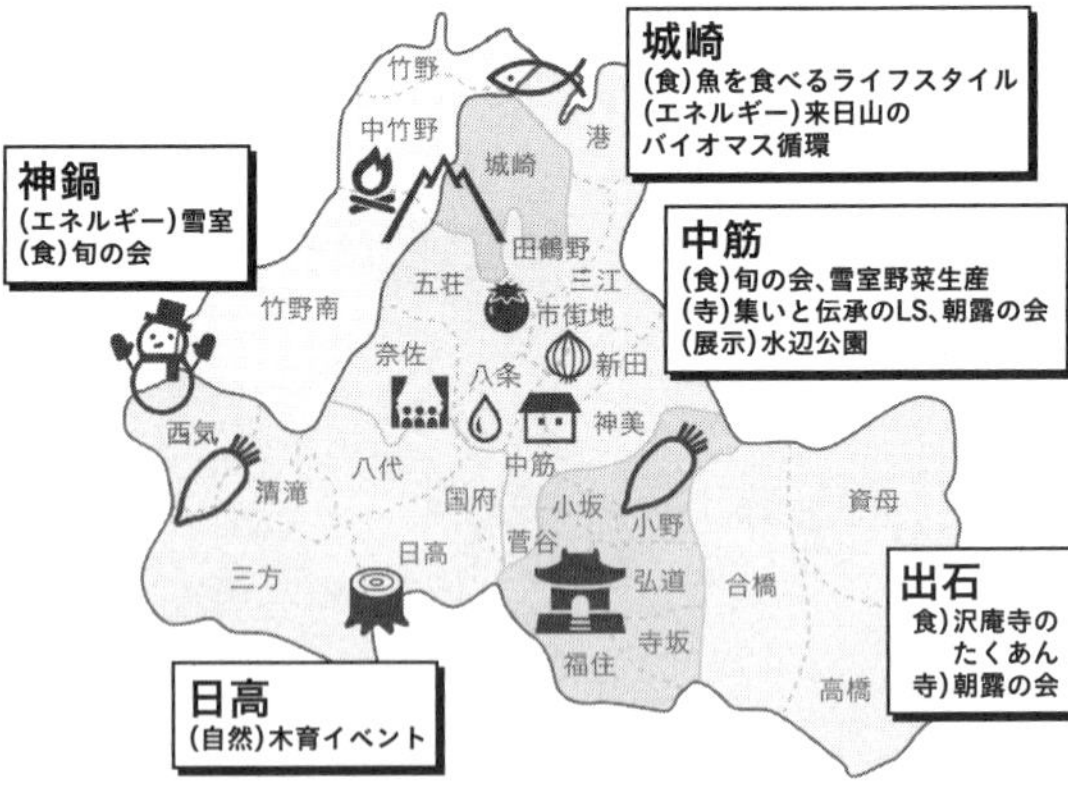

現在進行中の豊岡市の各種プロジェクト

でに実現し、地元産じゃがいもや玉ねぎの給食への本格利用も開始しています。バックキャスト思考によって、それまで邪魔者扱いだった残雪が、大事な資源になったのです。

雪室は、新たなビジネスにもつながっています。

出石（いずし）そば（豊岡の郷土料理）は、夏になると味が劣化していたのですが、その保存に雪室を活用してはどうか、というアイデアが出ました。同様の事例は、山形などにもあることがわかり、テスト保存、試食会を経て、商品化されました。それが**「雪室そば」**です。実が熟成されて糖度が増し、香りもいいと大好評です。

同じように、お米を雪室保存するアイデアも検証が進んでいます。ブランド米である、**「コウノトリ育むお米」**（野生のコウノトリが住みやすい環境づくりの一環として生まれたお米。農薬、化学肥料不使用）の価値向上にもつながるかもしれません。

これらの新ビジネスは、便利な電気冷蔵庫では得られなかったアイデアでした。それが、自然資源である雪を利用することで生まれたのです。

雪室は、大規模で経済性を追求する場では価値を持ちえません。しかし、地域における小規模な経済圏では、新価値を創出しうるのです。

鹿児島県沖永良部島の事例

沖永良部島での90歳ヒアリングは２０１３年から2年間にわたって実施されました。温暖な気候に恵まれたこの島には、昔から山や海に食材があふれていたようです。積雪の多い地域と比べると「備蓄する」「家のなかに火がある」といった話はかなり少ないという特徴もありました。そうした結果に基づき、バックキャスト思考で20年後のライフスタイルをデザインします。

じつは、**この島には大きな制約がありました。日本創成会議の推計では、この島は消滅可能性自治体の１つに数えられています。**つまり、少子・高齢化がこのまま進めば、２０４０年までにこの島は存続できなくなっている可能性が高いとされているのです。

その一方で、希望もありました。一度来島した島外者のリピート率は高く、進学や就職のため、卒業後に島を離れる高校生の75％が「島に戻りたい」と答えています。さらに、合計特殊出生率は２・０１で非常に高い水準にあるのです。

しかし、バックキャスト思考を有効におこなうためには、制約を甘く見積もることはできません。**「人口減少」**という制約を受け入れたうえで、この島に心豊かな未来をもたらすライフスタイルを構想しました。

90歳ヒアリングとワークショップなどを通じて浮かび上がったのは、**「自然」**を土台に**「食」、「集い」、「楽しみ・遊び・学び」**が重なり合うように強固につながり、これらを**「仕事」**が貫いているという、この地域独特の文化構造でした。仕事が貫いているということは、**「仕事」と「暮らし」のあいだに明確な境界がない**ということで、これも大きな特徴です。この文化の構造を、わたしたちは**「5つのち・か・ら」**と名付けて図式化しました。

「5つのち・か・ら」

この「5つのち・か・ら」は、この島の文化を創り上げ

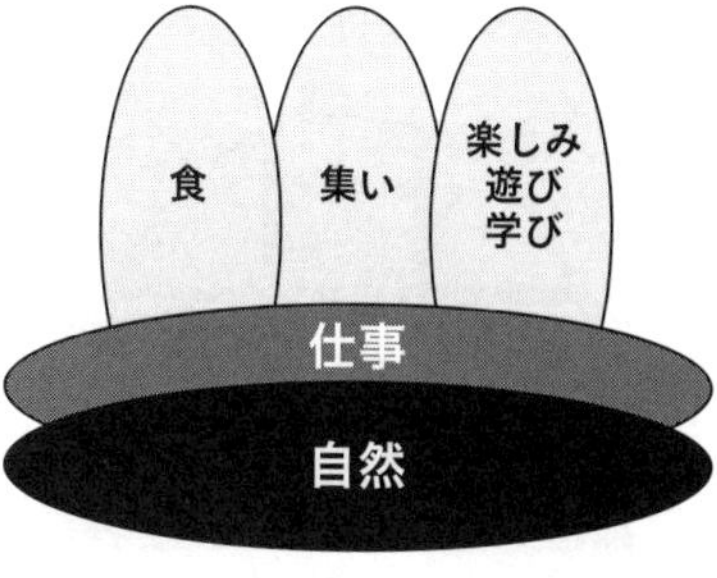

てきた重要な原理です。しかし、わたしたちは決して過去に戻ることはできません。そこで、バックキャスト思考を用いて「5つのち・か・ら」の各要素である「自然」「食」「集い」「楽しみ・遊び・学び」「仕事」が20年後にそれぞれどのような形で残っていけばいいのかをイメージしたうえで、それらを統合する**「20年後のライフスタイル」**を描いたのです。

でき上がった「20年後のライフスタイル」は、現在から見れば、かなり抽象的な側面があります。そこで、これを具体化させていくにあたり、そのライフスタイルを構成する要素を「20年後のライフスタイルを支える柱」として抽出し、それぞれの柱をしっかりと建てるために、フォーキャスト思考で今後の3年で必要なビジネスや政策を話し合うことにしたのです。

政策・ビジネス展開へのアプローチ手法イメージ

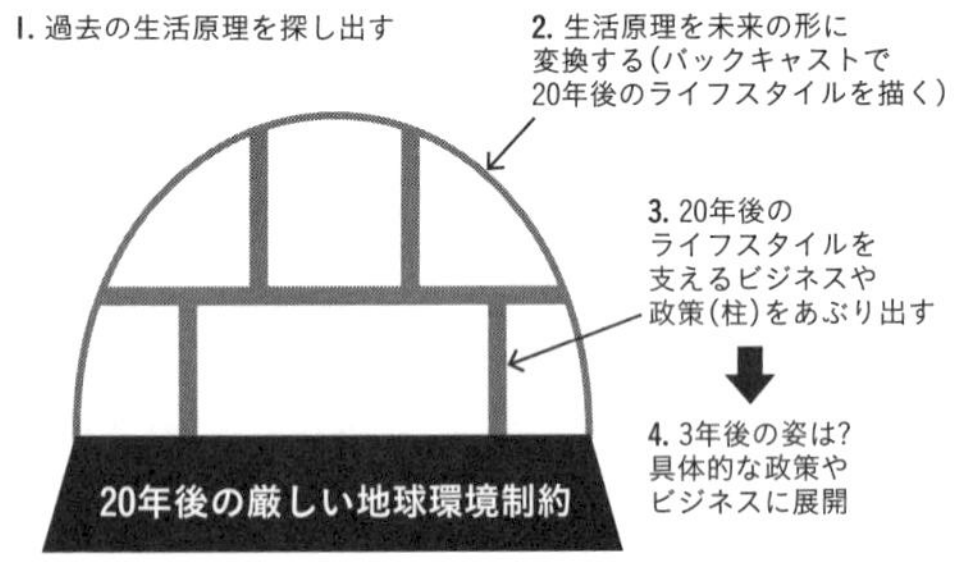

1. 過去の生活原理を探し出す
2. 生活原理を未来の形に変換する（バックキャストで20年後のライフスタイルを描く）
3. 20年後のライフスタイルを支えるビジネスや政策（柱）をあぶり出す
4. 3年後の姿は? 具体的な政策やビジネスに展開

20年後の厳しい地球環境制約

参考までに、「食」という要素の一部を簡単に紹介してみます。

〈過去のライフスタイル〉

山や海から恵みの食材をいただき、ブタ、ヤギ、鶏を家で飼い、松葉やソテツを燃料にして、自給自足の生活のなかに多くの楽しみも見つけていた。（90歳ヒアリングより）

〈20年後のライフスタイル例〉

燃料は高騰し、島の外から食料品を買うのは高くて大変。しかし島では驚くほどの品数がそろうようになり、今後も増えていきそうです。

農薬の使用や赤土の流出などで劣化していた自然は回復し、米づくりも復活。小学校や字（集落）では「食べられる自然食物」の授業もおこなわれています。

こんな自然に憧れて、島外から移住してくる人たちが増えた影響か、島原産の食物だけではなく、これまで知らなかった、おしゃれな海外野菜やハーブ類、果物も増えてきました。海のものもずいぶん食べるようになりました。（注／沖永良部島は海産物をあまり食べない文化を持っている）

無農薬野菜の人気が高まり、字ごとに毎週、市が開催され、新鮮な野菜や果物、肉はもちろんのこと、腕自慢のおじいやおばあの加工品や料理教室なども開かれています。

〈3年後の姿〉

「20年後のライフスタイルを支える柱」の根元にあたる部分

●「生産者を大事に！」を掲げた、自給自足の島ネットワーク会社が設立され、運用を開始している。農家や個人が過剰につくってしまった野菜や果物の集配が始まっている。余った食材を漬物やお菓子に加工する作業所の設置が決まっている。
●各小学校区ごとの集落で米づくりが始まり、全小学校での米づくりの方向付けが完了している。
●伝統的な島料理（お菓子を含む）や島食材に加え、ヤギのチーズやハーブなどをつかったモダン料理のレシピ本が出版されている。
●年1回の「食の文化祭」では、子どもの創作料理、我が家の自慢料理、プロの創作料理大会が開催され、島人（しまんちゅ）と観光客で賑わっている。
●『えらぶ』してる？ があいさつになっている。

この3年後の姿は、今必要なビジネスや政策の「提言書」としてまとめ、島の行政機関にも協力をお願いしました。

そして、このライフスタイルの導入を具体化するために、**「子や孫が大人になったときにも笑顔あふれる美しい沖永良部島」**をつくるための実践塾、「酔庵塾」の活動を続けています。塾のなかに分野ごとの部会（島料理部、エネルギー部、観光部、文化部、農業部、教育部、森林部、米づくり部、先祖部、福祉部、環境部、流通部）を設置、基本的に沖永良部島の住民が主導し、定期的に議論をしながらライフスタイル体験会の準備、運営をおこなう仕組みです。豊岡市と同じく、木育ワークショップも開催されています。

同時に、この塾では子どもたちの田植え体験会など、さまざまな活動をしていますが、その1つに、地元の高校生（沖永良部高校）が提案する農業ビジネスプランへの協力があります。これは、無農薬の「じゃっきーFarm」というブランドじゃがいもを開発するもので、サトウキビの完全循環利用につながるのがポイントです。高校生たちが中心となって、開発が進められています。「じゃっきーFarm」の開発の流れは次の通りです。

「じゃっきーFarm」が目指すサトウキビの完全循環利用

サトウキビから粗糖を精製する→粗糖は精製糖会社に原料として出荷
このとき「バガス」と呼ばれる搾りカスが出る

バガスをキクラゲを育てる菌床としてつかう→キクラゲは食品として出荷
バガスは発電機の燃料としてもつかえる

使用済みの菌床（廃菌床）を土にすきこむ
（土中の微生物が多様になり、病害虫にも強くなる）

↓

無農薬じゃがいも「じゃっきーFarm」を育てる
→ブランド食材として出荷

また、島外に頼らない沖永良部島の自足化の一環として**「教育の自足」**という活動も開始しています。小学生向けの寺子屋に続き、島のサテライトカレッジ（星槎大学サテライトカレッジin沖永良部）が2017年4月に開校しました。この大学では、教員免許、社会福祉士、メンタルヘルス・アドバイザー、自閉症スペクトラムサポーターなどの資格取得も可能です。また、星槎大の従来のカリキュラム以外に、島のリーダー育成のためのカリキュラムが新設されており、次世代の沖永良部島を引っ張る**「地域のリー**

ダー」を育てることを目指しています。

すでにみなさんおわかりかと思いますが、この島の制約は**人口減少**です。フォーキャスト思考では、この制約を排除しようと、他の地域から人を呼び込む政策を採ることになります。ただでさえ縮小している町の財源から、移住者への住居提供、生活費の補助をおこなえば、ますます疲弊してしまう可能性は高いでしょう。

しかしバックキャスト思考をつかえば、人口が減っても心豊かな暮らしができるライフスタイルが描けます。簡単にいえば、**①可能な限り自足する→②島の仕事が増える。おじいもおばあも働き、お金を外に流さないようにする→③島人が島の素敵な文化・自然を学び直す（島自慢のできる子どもたちを増やす）→④島を訪れる人が増え、滞在期**

高校生による無農薬じゃがいもつくり「じゃっきーFarm」

間が延びる。リピーター、移住希望者も増えるという流れです。

島のなかでお金をまわし、仕事を生み、外部からお金が入ってくるようになれば、人口は増え、笑顔のあふれる憧れの島になるでしょう。

また、沖永良部島の最大の特徴はなんといっても「島」であることです。

もし、この地域で未来を創生する方法論を確立できれば、それは教科書として日本国内の島々だけでなく、同じような状況にある南太平洋の島嶼（とうしょ）国にも応用できるかもしれません。

星槎大学サテライトカレッジin沖永良部島、開校式および入学式風景

新書版のためのあとがき

日本の智慧でコロナ禍の新常識をシフトするウィズ・コロナからサステナビリティへ

２０２０年４月20日、原油価格が史上初のマイナス値をつけ、最大で１バレルあたりマイナス40・32ドルになりました。１日当たり約１億バレルの消費が７０００万バレルに低下したというのですから30％の消費減です。これはいうまでもなく、物資の移動、人の移動が激減した結果です。

日本の温室効果ガスの２０３０年削減目標は２０１３年比マイナス26％ですから、極めて大雑把にいえば、ほぼそれに相当します。少なくとも、現状から「３密」の規制を除いた状態が２０３０年の姿であり、今わたしたちはそれを体感しているともいえるでしょう。

国際的には、２０３０年の温室効果ガスの削減量はマイナス50％でも不足といわれており、さらなる挑戦が必要ではありますが、コロナ禍によって、奇しくもマイナス30％の世界を今、体感できていることを、大きな学びとしなくてはなりません。

ただ、地球環境制約は温暖化問題だけに留まりません。生物多様性も危機的な状況です。1970年から2010年の間に、わたしたちは脊椎動物の52％を失い、最大値で昆虫の75％が過去27年間で失われたとするドイツの論文もあります。このままでは100年以内にすべての昆虫が絶滅してしまうという報告も出されています。

自然界の植物の90％は昆虫によって受粉されており、種の絶滅はわたしたち人類の食糧供給にも大きな影響を与えます。

物理学者のアインシュタインは「もしハチが地球上からいなくなれば、人間は4年以上生きられない。ハチがいなくなると、受粉ができなくなり、そして植物がいなくなり、そして人間がいなくなる」といいましたが、まさに今、そこへ向かってわたしたちは全力で突き進んでいるのです。

人間も地球上の多様な生物の1つであるという認識のもとに、人が自然に活かされていることを知り、自然を活かし、自然を往なすという暮らし方に改めて強く意識を向けねばなりません。

すなわち、資源やエネルギーの使用をこのコロナ下と同程度以上に削減し、自然としっかりと向き合うという地球環境制約を肯定したうえで、新定常型社会（生命文明社会）を創成しなければならないということです。

「人間は自然の一部である」という日本古来の人間観・自然観に根ざした、自然と人間の和合のなかで生まれ、日本の智慧を体現する新たな「人工」ともいうべきネイチャー・テクノロジーは、人間がそれをつかいこなして生態系の循環に能動的に貢献するための道具となります。そこでは自然・人・テクノロジーが一体となり、従来の「人工」の概念が一変します。そして人類は、かつて営んでいた「自然とともにある」暮らしを、最先端技術も活かしつつ取り戻すことができるのです。

こうしたパラダイムシフトを起こすイノベーションの核となるのは、ＡＩをはじめとする科学技術の従来通りの発達ではなく、人間観・自然観の見直し、すなわち人間中心の視点から、人間を含む自然中心の視点への転換であることはいうまでもありません。

このようにイノベーションの概念そのものを刷新し、地球環境問題に対する「解」をここ日本から世界に届けることを目指して、今年（２０２０年）年末までにスタート予定のプロジェクトがあります。わたしも参画しているこの「N-innovation Project（ニノベーション・プロジェクト）」について、簡単にご紹介しておきます。

N-innovation のNは、「New」「Nature」「Nippon」の頭文字。つまり N-innovation は、「まったく新しい」「自然中心の視点に立った」「日本発の」イノベーションを意味しています。

プロジェクトは、メディア・学術研究・先進企業との協働等を通じて、２０３０年までにこの N-innovation の概念を世界に普及させること、そして２０４０年までに「消費する文明」を「万物を生かす文明」へと転換することにコミットしています。

このプロジェクトは、コロナ禍を機に生まれたニューノーマル（新常識）を、日本の智慧を活かして、サステナビリティを実現しうるものへと飛躍させることにもつながるでしょう。世界の多彩な分野で N-innovation が花開き、人の心そして自然全体が豊かになる——そういう未来を、ぜひ多くの方や企業・自治体とともに創っていきたいと願っています。

最後になりますが、本書『バックキャスト思考』のベースとなっているのは、わたしたちがこれまで積み重ねてきた実践と研究、議論の数々です。企業でバックキャスト手法をつかった商材を世に出してきたわたしは、２００４年から東北大学大学院環境科学研究科に籍を移し、社会人をおもな対象とした環境リーダー育成のための大学院、「高度環境政策・技術マネジメント人材養成ユニット（SEMSaT）」を開校しました。

バックキャスト思考の具体的な展開については、先行研究も少なく、実践を繰り返し、修正しながらという形で現在に至っています。とくにSEMSaTでの10年間の社会人学生たちとのトライは、古川柳蔵准教授（当時。現在は東京都市大学教授）の強いサポートもあり、バックキャスト思考の研究・実践を大きく進める駆動力になりました。

また、多くの企業・行政からいただいた戦略、政策立案の要請も、実践活動の具体的な場となり、多くを学ぶ機会になっています。SEMSaT修了生はじめ、ご関係のみなさまには、厚く御礼申し上げる次第です。

本書は2018年8月に刊行した書籍『正解のない難問を解決に導く　バックキャスト思考』に大幅な加筆・修正を加えて新書化したものです。コロナ禍、大地震、豪雨ほか、「前例のない事態」に対処する必要性がますます高まっている現在、多くの方に「バックキャスト思考」を身につけていただきたいと願っております。

わたしたちは、コロナ以前に戻るのではなく、コロナ禍をバネにして学んだことを活かし、どうやってエネルギーや資源をあまり使わずに、「ワクワクドキドキする心豊かなあたらしい暮らし方のかたち」を創るのか、目を覚まし、足場を変えて、バックキャスト思考で考えなければなりません。

それこそが、未来へのバトンなのです。

2020年　10月

石田秀輝

「バックキャスト思考」で行こう！

持続可能なビジネスと暮らしを創る技術

著者 石田秀輝
古川柳蔵

2020年12月5日 初版発行

石田秀輝（いしだ・ひでき）
一般社団法人サステナブル経営推進機構理事長、東北大学名誉教授、地球村研究室代表ほか。1953年岡山県生まれ。78年伊奈製陶株式会社（のちINAX）入社後、取締役（CTO）技術統括部長等を経て、2004年より東北大学大学院環境科学研究科教授を務める。14年春、沖永良部島に移住。持続可能な島つくりの実践活動を続けている。また「ものつくりのパラダイムシフト」を推進するため、国内外で積極的に活動中。

古川柳蔵（ふるかわ・りゅうぞう）
東京都市大学環境学部、同大学院環境情報学研究科教授、未来の暮らし創造塾塾長。1972年東京都生まれ。2005年に東京大学大学院にて博士号取得後、18年まで東北大学大学院環境科学研究科准教授。同年4月から現職。環境イノベーションプロセス研究、ライフスタイルデザイン、ネイチャー・テクノロジーやソリューション創出手法の研究をおこなっている。

発行者 佐藤俊彦
発行所 株式会社ワニ・プラス
〒150－8482
東京都渋谷区恵比寿4－4－9 えびす大黒ビル7F
電話 03－5449－2171（編集）
発売元 株式会社ワニブックス
〒150－8482
東京都渋谷区恵比寿4－4－9 えびす大黒ビル
電話 03－5449－2711（代表）

装丁 橘田浩志（アティック）、柏原宗績
編集協力 古田 靖
DTP 小田光美（オフィスメイプル）
印刷・製本所 大日本印刷株式会社

ISBN 978-4-8470-6173-8
ワニブックスHP https://www.wani.co.jp